# サプライチェーン強靭化

## Supply Chain Resilience

危機の時代に事業のレジリエンスを確立する

（株）Spectee 取締役COO
防災士・企業危機管理士
根来 諭 著

中央経済社

# はじめに

2011年3月11日，日本を襲った未曽有の大災害・東日本大震災。

テレビでは被災地の大変な状況が延々と伝えられるなか，日本企業，とりわけ製造業のサプライチェーンマネジメントや調達に携わる社員たちは，被災直後から自社の製造拠点やサプライヤーの被害の状況把握に取り掛かった。生産ラインにはどれだけのダメージがあったのだろうか。生産の再開にどれくらいの時間が必要なのだろうか。どのような支援を行うべきなのか……。

対策本部として大部屋を構えて対応をはじめる企業もあるなか，1次サプライヤーまでは連絡がつくものの，その先の2次・3次サプライヤーの状況がなかなか把握できず，何日たっても全体像を把握することができない企業がほとんどであった。そうこうしている内に部材の在庫が底をつきはじめる。調達部門は代替品の調達に乗り出すが，そう簡単に代替先が見つかるわけでもなく，候補が見つかったとしても品質を担保するための手続きが必要であるし，生産キャパシティに余裕があるわけではない。設計変更で対応しようにも時間がかかる。

かくして日本の製造業のサプライチェーンは大混乱に陥り，その脆弱性があらわになった。特に東北地方は，技術流出を防ぐために国内での生産に留めている高機能部材・高付加価値部材の生産集積地であったことから，影響は世界のサプライチェーンへと当然に波及していった。

それから十年余，東日本大震災での反省をふまえ，日本の製造業はサプライチェーンを止めないための努力を重ねてきているものの，まだまだ多くの課題が残っている。さらに，新型コロナウイルス感染症のパンデミック（感染症リスク），ロシアによるウクライナ侵攻による混乱や米中対立（地政学リスク），各地で頻発化・激甚化する自然災害（自然災害リスク）など，事業を取り囲む

環境は厳しさを増してきており，サプライチェーンという言葉を報道などで見聞きすることが圧倒的に多くなってきている。

　これを受け，官民をあげてサプライチェーンを強くしようという動きが加速している。サプライチェーンの途絶は，民間企業にとっては顧客に対する製品やサービスの供給の停止を意味し，事業の継続が危ぶまれる事態であり，製造拠点を国内回帰させたり，地政学的リスクに対応するための新部署を設立したりするなどの対策が進んでいる。

　一方，日本政府にとっては，半導体やエネルギーといった重要物資の供給を止めないことは，経済安全保障の文脈で喫緊の課題である。2023 年 6 月 16 日に閣議決定された「経済財政運営と改革の基本方針 2023 加速する新しい資本主義〜未来への投資の拡大と構造的賃上げの実現〜」，いわゆる「骨太の方針 2023」では，「官民連携による国内投資拡大とサプライチェーンの強靱化」が，掲げられた実行策 5 項目の筆頭に登場する。また，災害からの被害を最小化するための重点施策を盛り込んだ国の計画である「国土強靱化基本計画」においても，サプライチェーンの強靱化の重要性が何度も取り上げられている。

　筆者は，ソニー株式会社で主に海外の販売現場に近いところでサプライチェーンマネジメント業務に携わったあと，AI など先進技術を活用した防災・危機管理ソリューションを提供する株式会社 Spectee（スペクティ）に参画した。顧客と向き合い，各社の危機管理に関する課題を議論するなかで，「サプライチェーンを強靱化する」ことが企業のリスクマネジメントにおいて現在最も優先順位の高いテーマであること，しかし一方でそれを実現するための手法が整理・確立されていないことに気づいたのが本書執筆の動機である。

　また，筆者は東日本大震災当時に福島県郡山市の製造事業所に勤務しており，被災とその後のサプライチェーンの混乱を直接に体験していることも強く背中を押した。

本書の構成は下記の通りだ。

第1部「サプライチェーン，その進化の歴史」ではこれまでどのようにサプライチェーンが発展をしてきたのかをふまえつつ，現在の課題について述べている。

第2部「なぜいまサプライチェーン強靭化が求められているのか」では，現在我々の社会がリスクの高い“危機の時代”に突入しているという時代背景を解説する。

第3部「サプライチェーンを脅かすリスク」では，サプライチェーンを阻害する可能性のある多種多様なリスクを整理し，俯瞰できるようにした。

第4部「サプライチェーン強靭化の準備」は，強靭化策を実行するにあたって必要な工程について順次説明する。

そして第5部「強靭化策の実行」では，さまざまな強靭化のアクションを列挙し，具体的に解説している。

第6部「リスクモニタリング」では，特に重要な平常時におけるリスク監視体制強化について述べた。

最後に第7部「未来を作る“強い”サプライチェーン」では，今後さらに発展していくであろうサプライチェーンの未来図について，特に進歩するテクノロジーとの関連で概観している。


本書は，サプライチェーンの強靭化に直接取り組むべき SCM 部門・調達部門・生産管理部門といった部署の担当者に限らず，全社的なリスクマネジメントを担当する方々や，経営企画など企業の経営戦略の策定にかかわる方々に読んでいただきたいと考えている。サプライチェーンマネジメントをオペレーションの良し悪しの問題として片づけず，経営戦略として考えることの重要性を第7部では述べている。

サプライチェーンを取り囲むパラダイムは変わった。効率化（＝コストダウン）を突き詰めてきた時代は終わりを告げ，強靭性（＝レジリエンス）を盛り込んだサプライチェーンを構築することが企業価値に直結する時代に入った。

サプライチェーンの態様は各社各様であり，すべての企業にフィットする手法は存在しない。よって本書では考えうるさまざまな打ち手を提示している。サプライチェーン強靭化のプロジェクトを推進するための羅針盤として本書を活用いただければ，筆者として望外の喜びである。

根　来　諭

# 目　次

はじめに ／Ⅰ

## 第1部　サプライチェーン,その進化の歴史 ／1

第1章　サプライチェーンとは ／2
第2章　進化と課題 ／5

## 第2部　なぜいまサプライチェーン強靭化が求められているのか ／15

第1章　自然災害の脅威 ／16
第2章　パンデミックは再来する ／26
第3章　地政学リスクの高まり ／30
第4章　経済安全保障 ／38
第5章　物流危機 ／42
第6章　強いサプライチェーンの構築へ ／45

## 第3部　サプライチェーンを脅かすリスクとは ／49

第1章　リスクの分類 ／50
第2章　風水害 ／57
第3章　その他気候関連の災害 ／67
第4章　地震・津波・火山噴火 ／74
第5章　感染症 ／83
第6章　人為災害 ／86
第7章　経営リスク ／93
第8章　国際的リスク ／95
第9章　需要の不確実性 ／104

## 第4部 サプライチェーン強靭化の準備 / 107

第1章 何を目指し，どう進めるか / 108
第2章 サプライチェーンの可視化 / 113
第3章 リスクの分析・評価 / 121

## 第5部 強靭化策の実行 / 137

第1章 どのような打ち手があるのか / 138
第2章 サプライチェーンの再設計 / 141
第3章 BCP策定・改善 / 150
第4章 サイバー攻撃への対処 / 161
第5章 サプライヤーマネジメントの強化 / 165
第6章 需給計画の一元化 / 170
第7章 サプライチェーン情報基盤の整備 / 177
第8章 社内外の連携強化 / 183
第9章 冗長化 / 188
第10章 設計の変更・標準品化 / 193

## 第6部 リスクモニタリング / 197

第1章 リスクモニタリングの重要性 / 198
第2章 組織体制 / 202
第3章 リスク監視の具体策 / 207
第4章 リスク情報の参考サイト / 212

## 第7部 未来を作る"強い"サプライチェーン / 219

あとがき / 229

【資料】サプライチェーン強靭性評価指標 / 231

第 **1** 部

# サプライチェーン，
# その進化の歴史

# 第1章

# サプライチェーンとは

## サプライチェーンマネジメント（SCM）とは

　サプライチェーンとは，原材料が製品に加工され，消費者に届く一連のプロセスを指す。サプライチェーンは1社で成り立つものではなく，原材料のサプライヤー，製造業者，物流業者，倉庫業者，港湾・空港や輸送機関，卸売・小売業者など数多くのプレイヤーによって成り立っているものである。

　サプライチェーンは一般に下記のような概念図で説明されることが多い。モノの流れは最も川上である原材料や部品のサプライヤーから始まり，製造業者に納入されて製品に加工され，物流業者によって運ばれ，最終的に卸売・小売業者を通じて消費者のもとに届けられる。一方，その製品に対する需要の情報は逆に川下から川上に登っていく。販売の現場から上がってくる見込みの情報に基づいて卸売・小売業者が発注の計画を立て，それに基づき製造業者が生産計画を立て，調達の計画がサプライヤーに対して伝えられることとなる。

　しかしこれはあくまで単純化した概念図である。チェーンとはいうものの実際には複雑なネットワークによって構成されており，非常に多くの企業や組織

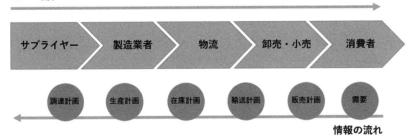

が連携することで，初めてサプライチェーンは機能するのだということを忘れてはならない。また，業種によってサプライチェーンのあり方はさまざまだ。たとえば部品点数が膨大な自動車の製造業者は，非常に多くのサプライヤーを多層的に抱えており，製造工程はアッセンブル（組み立て）である。一方で，化学メーカーの多くではサプライチェーンは相対的に短くシンプルであり，製造工程はプロセス（流体を原材料とする工程）である。

製造業を代表する自動車業界の部品を例に具体例を示す。
① 1次原材料業者が鉄の原料となる石炭・鉄鉱石やプラスチックの原料であるナフサを，2次原材料業者に供給する。
② 2次原材料業者がナフサを含む原料をさまざまな種類の鉄やプラスチックなどに加工し，加工業者に供給する。
③ 加工業者は供給された原材料を加工して構成部品を製造し，部品メーカーに供給する。
④ 部品メーカーが調達，または自ら加工・製造した部品を完成車メーカーに供給する。
⑤ 完成車メーカーは自動車として完成させてディーラー（自社・他社）に供給する。
⑥ ディーラーが消費者に販売する。

| | 自動車 | 電機 | 食品 | 医薬品 |
|---|---|---|---|---|
| サプライチェーンの長さ | 長い | 長い | 短い | 短い |
| サプライチェーンの複雑度 | 高い | 高い | 低い | 低い |
| 生産の国際化の程度 | 高い | 高い | 低い | 低い |
| モデルサイクル | 長い (4-5年) | 短い (1-2年) | 短い (1-2年) | 長い (25-30年) |
| 部品数・工程数 | 多い | 多い | 少ない | 少ない |
| サプライヤーとの関係 | 長期的視野に立ったすりあわせと作りこみ | すりあわせもあるがOEM/ODMも多い | すり合わせは少ない | 品質管理水準が高く定期監査を行う |
| サプライチェーンの変化させやすさ | すりあわせが多い場合はスイッチングコストが高いが、企業判断で迅速に行える | | 迅速に行える | 規制対応があり容易ではない |

　自動車は実に約2〜3万点の部品から成り立っており，原材料メーカー，加工業者や部品メーカーは多層構造になっていることが多く，また，リペアパーツの供給などは完成車とは別のサプライチェーンが補助的に存在していることから，そのサプライチェーンは非常に複雑な構造で成り立っている。上図は業界ごとのサプライチェーンの特徴を示したものである。


　SCM とは，このサプライチェーンの各種プロセスをより効果的に，効率的に行うためのマネジメントを指し，モノが製造されて消費者に届くまでの流れを最適化することを目的とするものだ。このマネジメントがうまく機能しないと，需要に対して作りすぎてしまい，各所に余剰在庫が積み上げられて保管コスト・廃棄コスト・値引きによるロスが嵩んだり，キャッシュフローが悪化したりすることにつながる。逆に需要に対して十分な量を供給できなければ，機会損失を起こすこととなる。必要なものを，必要な場所に，必要な時に，必要な量を供給すること。それが究極の目標であり，そのためには相互につながった企業・組織間のプロセスを統合・調整・管理することが必要となる。

　SCM は，これまで長年，効率化・コストダウンを主眼に改善・改良が重ねられてきたが，不確実性の高い時代に入り，次の進化が待ち望まれている。SCMという概念がどのように生まれ，進化してきたかを振り返ってみよう。

# 第2章

# 進化と課題

## 大量生産時代の始まり

　SCM という概念が生まれるはるか以前，生産者と消費者が分離したときからサプライチェーンは人間社会に存在しているということができる。現代のように長く複雑なサプライチェーンが構築されるようになった契機は，18世紀半ばから19世紀にかけて起こった産業革命にさかのぼる。それ以前の世界では，交易にかかわる人の数は少なく，交易品も香辛料や絹織物，金・銀といった奢侈品に限られていたが，産業革命によって世界の様相は一変することになる。

　動力源に革命がもたらされ，蒸気機関による工場の機械化や蒸気船・蒸気機関車の普及が起こり，そして1879年にはエジソンが白熱電球を実用化。1882年には世界初の発電所がニューヨークで操業開始となり，電力のシステムは1880年代にかけて世界に普及していくことになる。1876年にベルによって電話が発明されるなど，情報通信の世界が発展をはじめるのも同時期だ。

　そしてパワフルで安価な石油燃料がエネルギー源として使用されはじめることで，生産工程の機械化，自動車や航空機の発明を含む輸送機関の進化，本格的な大量生産の時代を迎えることになる。大量生産の嚆矢といわれるのがフ

ォード社による「T型フォード」の登場（1908年）だ。製品の規格化・標準化，製造工程の細分化やベルトコンベアの導入など，現代の製造活動に通じる生産方式が導入され，規模の経済の追求，分業による生産効率の圧倒的な向上が実現された。当時の平均年収が600ドルで，多くの自動車に2,000ドル以上の値札がつけられていた時代に，T型フォードの発売時の価格は850ドル。その後，コンベア生産の導入など生産の効率化が進み，1917年には360ドルまで価格が下落した。そして1926年には260ドルとなり，圧倒的な低価格によって高嶺の花であった自動車が庶民に普及していくことになる。

## コンテナの登場

　大量生産したモノを消費者に届けるために，大量輸送の手段が必要となるのは当然の流れだ。しかし当時の海運は港湾などのインフラが脆弱なうえ，商品は梱包されずにバラ積み貨物として扱われ，工場から倉庫，倉庫から港への輸送，そして船への荷物の積み下ろしもすべて手作業のきわめて非効率な状態で，輸送コストの大半は人件費といわれていた。それを変えたのが，経営学者ピーター・ドラッカーが「世の中を一変させたイノベーション」と評した輸送コンテナの登場である。

　コンテナを発明し実用化したのは，米国ノースカロライナ州生まれのマルコム・マクリーンという人物である。当初ガソリンスタンドや零細陸運業を営んでいたマクリーンは，競争の少ない海運ビジネスに打って出る。前述の非効率なオペレーションを目の当たりにし，「トラックで運ぶモノをそのまま船に載せられれば効率がいい」という発想からコンテナを作り，1956年4月26日に世界で初めてのコンテナがニューアーク港から送り出されることになった。現在でもトラックで輸送されている最中だったり，港の近くに積まれていたりするのをよく目にするコンテナであるが，その規格は完全にひとつに統一されて

いるわけではないものの，40 フィートのタイプと 20 フィートのタイプが主流で，世界共通で使われている。大量輸送のための標準規格というわけだ。

コンテナは航空輸送，海上輸送，鉄道輸送，陸上輸送等のありとあらゆる輸送モードに対応しており，いわゆる荷役業務（船への積み下ろしや，倉庫やコンテナヤードへの入庫・出庫の業務）を大幅に効率化することが可能になった。さらに，コンテナに積み込んだ貨物は目的地に到着するまで開封する必要がないため，輸送中のトラブルや盗難が大幅に減少したことも特筆すべき点である。

1948 年に WTO（世界貿易機関）の前身となる GATT（関税および貿易に関する一般協定）が発足したことを受け，その後世界における自由貿易が急拡大していくが，コンテナの登場はこの流れを強烈に推し進め，革命的なインパクトを物流の世界に与えることとなった。結果，1960 年代後半から 1970 年にかけて，グローバルにサプライチェーンが伸長・拡大していくことになる。国際的な分業，製造拠点の分散，グローバル・マーケットに向けた販売という現在のわれわれにとっての「当たり前」は，コンテナがもたらした効率的な輸送システムなしには成り立たなかったはずだ。さらに 1994 年には NAFTA（北米自由貿易協定）が，1995 年には WTO（世界貿易機関）が発足し，貿易活動がいよいよ活発になることでサプライチェーンはさらに長距離化・複雑化していくこととなる。

## 高度経済成長から市場の成熟へ

大量生産と大量輸送が実現したことで，大量消費の時代がやってくる。1950 年代・1960 年代の需要が供給を上回る高度経済成長においては，とにかくおおまかに顧客ニーズに合うモノを大量に供給することが至上命題であった。しかしその後，消費社会が成熟化していくにしたがって，市場のセグメンテーションに合わせた多様な商品ラインアップ，マスメディアを通した大衆に対するマ

ーケティング，導入期・成長期・成熟期・衰退期の4段階にわたる製品ライフサイクルなどの概念などが生まれ，商品経済は作り手・売り手主導から，顧客・市場主導へと移行していくことになる。安く大量に供給することから，変動する需要に合わせた多品種少量生産へと生産のパラダイムがシフトしていく時代だ。

　同時にこの時代には，日本の製造業が大きな輝きを放って世界を席巻した。日本企業の目覚ましい発展を目の当たりにして，欧米企業が日本に学ぶ動きが強まった。そのなかでも特に注目を集めたのが「自働化」と「ジャスト・イン・タイム（JIT）」を基本思想とするトヨタ生産方式である。JIT の思想を具現化したものが，必要なモノを必要な時に必要なだけ作る「カンバン方式」だ。この生産方式では，カンバンと呼ばれる指示票を部品に貼り付けておき，部品が使われると同時に剝がされたカンバンが組立工場から部品工場へ運ばれ，次に入荷される部品に再び貼り付けられるというやり方が用いられる。

　作ったものを後工程にどんどん流していくプッシュ型ではなく，後工程が必要な分だけを生産し下流に流すというプル型のオペレーションであり，これによって不要な部材や製品在庫を削減し，効率の追求，生産リードタイムの短縮，キャッシュフローの改善を実現した。

　第1章で「需要の情報は川下から川上に流れる」と述べたが，需要の情報を吸い上げて生産計画に反映させることが必要となる成熟市場，そして「顧客・市場主導の時代」に適した生産方式だといえる。


## SCMの取り組み本格化

　その後，実際に SCM というコンセプトがビジネスパーソンの間に広がり，取り組みが本格化するのは 1990 年代に入ってからだ。個々人の嗜好の多様化にともなって商品ラインアップは膨れ上がり，生産管理や物流管理の負荷が大

きくなって，過剰在庫や欠品による機会損失が頻繁に発生するようになる。各部門がサイロ化して個別最適化に陥り，特に営業部門と生産部門の意思疎通が疎かになることで需給調整は困難な作業となる。そんななかで日本経済を襲ったのがいわゆるバブル崩壊である。この経済的な混乱とそれに続く不景気によって，「余剰在庫の削減」が経営の至上命題としてあがってくることとなる。

　時を同じくして，1990年代にはWindowsをはじめとしたパーソナルコンピュータが社会に普及していき，ITシステムが経営の重要な要素になっていく。企業はこぞって調達・生産・在庫・販売・会計といった企業全体の活動を一元管理するERP（Enterprise Resource Planning）と呼ばれるシステムを導入するようになるが，そのなかでもSCMの計画立案業務にフォーカスしたSCP（Supply Chain Planning）ツールやAPS（Advanced Planning and Scheduling）ツールと呼ばれるシステムが登場し，コンピュータの性能向上も伴って，生産計画の数量を一定の制約条件を加味して計算することができるようになっていった。このようなIT化によって，需要予測，生産計画，在庫計画などが社内どこからでも閲覧できるようになり，それをもとにボトルネックの解消や生産・輸送のリードタイム短縮といった改善施策が取られ，命題であった在庫削減が急速に進んでいくことになる。

　しかしその後，現在にもつながる問題点が浮かび上がってくる。
　①パッケージソフトの普及もあり，SCMをITシステムで回していくことが一般的になる一方で，システムをうまく回すこと自体が目的化されてしまい，全体最適の視点が失われたり，盲目的にシステムが弾いた数字に従うこととなってしまったり，逆に欠品による機会損失を生むなどの非効率につながるケースが多くなった。また，サプライチェーンにおける計画の出発点は前章で説明したように，一番川下の販売見込みである。もちろん商品によるが，販売見込みには季節要因やプロモーション，顧客との交渉，社会背景の変化など多くの変数が絡むため，統計的手法で見込みを作るには限界があり，いまだにエクセ

ルへのマニュアルでのインプットで業務を回しているところも多い。

②在庫を削減することは，安定した事業環境下においてはキャッシュフローの改善など経営効率の向上につながるものの，不確定要素・変動要素が多い環境では脆弱性につながってしまう。販売見込みのずれや新たな生産上の制約条件（内部変動）や，外部から受ける影響（外部変動）を吸収するバッファが少なくなるのでこれは当然の帰結である。

③2001年の中国のWTO加盟をきっかけとして，中国が"世界の工場"として急速に台頭することになり，日本企業も急速に中国を筆頭とした人件費の安い国への製造拠点の移管を進めることとなる。また，製造業自体のビジネスモデルにも変革が訪れ，垂直統合の自前主義からアップル社に代表されるファブレス化，生産や設計の外部委託化などが進んでいくことになる。これにより，サプライチェーンのさらなる長距離化，生産・輸送リードタイムの長期化，外部委託先を抱えることによる情報のブラックボックス化が進み，サプライチェーンが複雑化することでそのマネジメントの難度が高まることとなった。

## 未曽有の大災害・東日本大震災

このように，効率化をつきつめ，同時に複雑化していったサプライチェーンに大きな衝撃が襲うことになる。2011年3月に発生した東日本大震災である。マグニチュード9.0の地震は最大震度7の揺れを引き起こし，死者・行方不明者は2万人超，そして原発周辺被害を除く直接的な被害額だけでも16.9兆円にのぼるまさに未曽有の大災害だった。関東以北の約400kmの沿岸地域が強い揺れと大津波に襲われ，そこに原発事故による被害が重なる複合災害でもあり，影響範囲が非常に広範に渡ったことが特徴である。

たとえば2007年の新潟県中越沖地震などの際にも，製造拠点が被災して生

産能力が低下することはあったが，東日本大震災の被災範囲はそれよりはるかに広かった。そのため，自社だけではなく，多階層にわたるサプライヤーの製造拠点が被災してしまったこと，放射能を恐れた外国人労働者が多数帰国してしまったこと，計画停電が実行されたことなどが重なり，連鎖的かつ複合的にそのインパクトが広がっていった。道路，鉄道，港湾施設も被災したことで原材料の搬入や製品の輸送が困難になり，生産ラインが無事で操業可能な工場であっても事業停止に追い込まれるケースが多かった。

　高機能の素材や部品などは，海外への技術流出を恐れて国内生産が中心となっているが，東北地方はそれらメーカーが集まって生産体制を築いているエリアである。そうした部材は代替生産先を探すのが困難なケースがほとんどであることも，広く国内外の企業に対する製品供給が不能となった要因だ。たとえばトヨタ自動車では，調達に支障をきたした部材が1,260品目，実にグローバル生産車両の8割に対して影響を及ぼしたとされる。高い生産効率と輸送距離の短さを優先した国内集中生産が，大震災の前できわめて脆弱であることを示したといえる。

　被災後，各社はサプライチェーンへの影響の調査をすぐに開始したが，構造が複雑にからみあうなかで，どこに問題があり，どのような影響があるのかを即座に確認するのは至難の業だった。特に，1次サプライヤー（1次の仕入先）からは比較的すぐに情報が得られたものの，2次・3次サプライヤーより先となると把握に時間がかかり，ある大手自動車完成車メーカーでは状況確認だけで2週間を費やしたという報告がある。次頁のグラフは，経済産業省が東日本大震災直後に行った調査から引用したものである。

　また，次頁の図は経済産業省の審議会資料から引用したもので，素材や中間財メーカーの被災が最終製品に及ぼす影響を図示したものである。直接被災していないサプライチェーンの川下に対しても大きな影響が及ぶことがよくわか

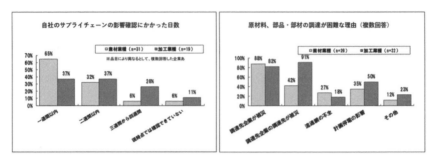

出所：経済産業省「東日本大震災後の産業実態緊急調査」2011年4月

るが，特に独自な技術を武器に高い世界シェアを握っている素材サプライヤーの場合には，代替品を調達することは困難で，国内外のサプライチェーンに深刻な影響が及ぶであろうことが想像できる．

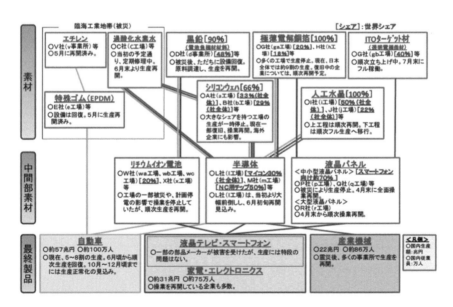

出所：経済産業省「産業構造審議会基本政策部会（第3回）」2011年5月

## サプライチェーンの構造

こうした混乱のなかで露呈したサプライチェーンの問題は，その構造が従来考えられていたピラミッド型ではなく，ダイヤモンド型を形成しているという点であった。自社のサプライチェーンが，自社の系列企業内で完結しているピラミッド構造であれば比較的容易であるが，サプライヤーが別の企業系列にも供給している場合には，影響度の把握，生産を再開するための支援，残っている在庫のアロケーションの調整などにおいて，他系列企業も巻き込んだ複雑なマネジメントが必要となってしまう。

特定のメーカー（サプライヤー）に重要な部材の生産が集中していた例として，ルネサスエレクトロニクスのマイコン工場が挙げられる。当該マイコンは自動車だけではなく，スマートフォン，白物家電，エレベーターなどに広く使われる中核的な部材であり，東日本大震災での生産途絶が国内海外問わず多くの完成品メーカーの生産計画に大きな影響を及ぼすこととなった。

このようなダイヤモンド構造が生まれた原因は，1つにはそのメーカーが技術的な特異性・優位性を持っており，そこでしか作れないというケースもあるだろう。しかしより大きな原因は，グローバルでの競争が激しくなり，徹底的な効率化・低コスト化が追求されると同時に，差別化のために完成品メーカーが部品メーカーに対して独自仕様を要求するようになったからと見られている。

部品メーカー側としては，低コストと小ロット生産を両立する必要が生じ，体力をつけるための合従連衡が進行。また競争に負けた企業が退出していくことで，部品メーカーの寡占化が進んだ。さらに，部品メーカーは効率化を求めると，必然的に製造拠点を集中する方向に動いていく。こうして特定のメーカーがアキレス腱となる，脆弱な構造が構築されていった。

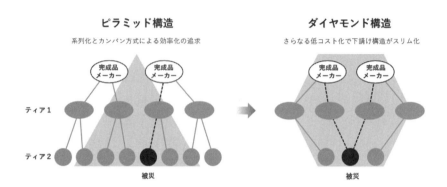

## 次なる進化は

　効率化に向けて飽くなき改善が続けられてきたサプライチェーンだが，東日本大震災によってその脆弱性が明らかになった。企業はこれを教訓にしてBCP（事業継続計画）の意識を高め，「効率性」とは時としてトレードオフの関係になる「レジリエンス（強靭性）」を高める努力が進められている。しかし一方で，次の部で明らかにするように，われわれはいま危機が常態化した時代に突入している。効率化を追求しながらも，あらゆる手でサプライチェーンを強靭化し，事業にレジリエンスを宿らせることが次なる進化として求められているといえるだろう。

# 第 2 部

## なぜいま
## サプライチェーン強靭化が
## 求められているのか

# 第1章

# 自然災害の脅威

　いま，サプライチェーンのリスクマネジメントを見直し，強靭化しようという機運が，企業の間で急速に高まっている。その理由は，近年特にサプライチェーンの脆弱性が顕在化してしまう事象が立て続けに起き，不確実性の高まりを多くの企業人が強く感じているからといえるだろう。

　日本のみならず地球規模で起こっている異常気象や自然災害の増加，そして世界中を混乱に落とし入れた新型コロナウイルス感染症によるパンデミック，中国の覇権主義的動きやロシアのウクライナ侵攻をはじめとする国際情勢の緊迫化，その他にもサプライチェーンを覆うリスクは多様化・複雑化しており，まさに「危機の時代」に突入した感がある。

## 気候変動・気候危機

　自然災害は常にサプライチェーンにとって大きな脅威であるが，気候変動によってそのインパクトが今後より大きくなっていく可能性が高い。記録的な大雨や高温など，異常気象のニュースはもはや日常的なものになっているが，それらは二酸化炭素（$CO_2$）に代表される温室効果ガスの増加に起因する，気候変動によって引き起こされていると考えられている。

気候は元来周期的に変動していくものだが，最近の研究によって近年の変動には人為的な影響が大きいことがわかっている。気候変動や地球温暖化についての科学的分析をとりまとめる，国際連合（国連）の「気候変動に関する政府間パネル（IPCC）」が2021年8月9日，最新となる第6次報告書を発表し，気候の現状や将来，そして気候変動を抑制するにはどのようなアクションが必要かについての知見が共有された。この報告書では幾つかのシナリオに基づいたシミュレーション結果が提示されているが，どのシナリオに沿ったとしても，少なくとも今世紀半ばまでは世界平均気温が上昇を続けるとされている。

　具体的には，今後数十年で温室効果ガスの排出が大幅に削減されない限り，21世紀中に気温が産業革命前と比べて2℃以上上昇する見込みだ。これを何とか1.5℃までに抑えようという目標が国際的に掲げられてはいるものの，世界の平均気温はすでに2011年～2020年平均で産業革命前から1.09℃上昇しており，見通しは明るくない。

　また，第5次報告書から大きく変わった点として，人間の活動が温暖化に与えた影響についての記述がある。前回の第5次報告書では「（人間の活動が気候変動の）原因であった可能性がきわめて高い」としていたものが，今回は「疑う余地がない」と断定する形に変わっており，より踏み込んだ表現になっている。

　気候変動の影響は，単に気温が上昇することに留まらない。気温上昇は複雑にからみあう気候システム全体に大きな変化を及ぼし，世界中で大雨や大雪，干ばつ，台風やハリケーンの大型化など自然災害が多発化・激甚化することが予想されている。海面上昇については，最悪のケースでは2100年時点で1m弱の上昇が見込まれ，可能性は低いもののさらに北極・南極の氷床の不安定化が合わさると，1.5mを超える上昇幅となる予想だ。海水面が上昇すると，沿岸浸食が拡大し，土地や資産に損害が発生して，多くの人口が移動を強いられる事態となる。太平洋やインド洋の島国は国自体が水没する危機にあり，それ以外にも多くの国の海抜が低い地域は大きな影響を受けるだろう。

また，気温上昇に起因する環境の変化は，これもまた複雑なシステムである生態系に甚大な影響を与え，これまで生活の糧としていた作物が育たなくなったり，漁獲量が減少したり，水源が枯れるなど，食糧・水の問題が深刻になる可能性がある。また，野生動物が絶滅したり，これまでデング熱やマラリアといった熱帯の感染症の流行域が広がったりというリスクもある。これらの変化は，世界各国で経済的な格差を拡大する方向に働く恐れがあり，気候変動を遠因として社会の不安定化が進むことも十分に考えられる。

日本では，ゲリラ豪雨と呼ばれるような短時間で強く降る雨が増加していることが科学的に確認されており，毎年各地で水害や土砂崩れが発生している。下記グラフは，1976年から2021年に1時間あたり50mm以上の雨（気象庁の基準で「非常に激しい雨」または「猛烈な雨」）が降った回数を示しているが，2021年までの10年は平均で1年間に327回の発生があり，1976年から1985年の10年間と比較すると約1.45倍に増加していることがわかる。水害の多発化・激甚化を実感している方も多いと思うが，気のせいではなく現実に起きていることなのである。

また，国土交通省によると2010年〜2019年の10年間に，一度も水害・土

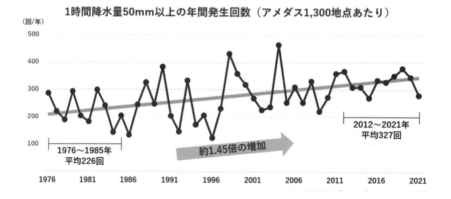

出所：国土交通省「水害レポート2021」より作成

砂災害が発生しなかった市区町村は，全国市区町村 1,741 のうちわずか 41 市区町村，2.4％のみであった。日本で事業を営んでいる以上，災害による影響を受けないということは考えにくい。

　世界を見渡しても，中国・アメリカ・欧州・南米・南アジアなどあらゆるところで記録的な洪水が発生しており，2022 年にはパキスタンで国土の 3 分の 1 が冠水する甚大な被害が生じ，世界に衝撃を与えた。また，食糧危機につながる干ばつや，記録的な高温・低温など極端な気象現象も多く発生しているのが実情だ。台風・サイクロン・ハリケーンを含む熱帯低気圧について前述の IPCC 第 6 次報告書では，強い熱帯低気圧（カテゴリー 3 ～ 5）の発生割合は過去 40 年間で増加していること，また，非常に強い熱帯低気圧（カテゴリー 4 ～ 5）の発生割合と最大規模の熱帯低気圧のピーク時の風速が，温暖化の進行と共に上昇していることが紹介されている。

　このように，気候問題は世界的な課題としてわれわれの前に立ちふさがっており，適切な対処ができなければ「気候危機」に発展することは間違いなく，それはサプライチェーンにとって大きな脅威になることが明らかだ。しかし，温室効果ガスの削減というアクションを打っても効果が出るには長い時間がかかることや，国際的な負担を先進国と発展途上国でどう分担するかの合意がきわめて困難であることから，急激に状況が好転する望みは薄いといわざるを得ない。


## 差し迫る巨大地震

　日本はさまざまな災害に襲われる可能性のある"災害大国"として知られるが，地震の脅威もかつてなく高まっている。

特に警戒が必要なのが南海トラフ地震だ。トラフとは，海溝よりは浅くて幅の広い海底の溝状の地形のことをいい，「南海トラフ」は駿河湾から紀伊半島の南側を経て，日向灘沖までの約100〜150kmの区域を指す。この南海トラフにおいては，日本列島が位置する大陸プレート（ユーラシアプレート）の下に，海洋プレート（フィリピン海プレート）が南側から年間数cmの割合で沈み込んでおり，それによって大陸プレートが地下に引きずり込まれ，ひずみが蓄積されていく構造になっている。そのひずみが限界に達し，プレートが跳ね上がることで発生するだろう地震が「南海トラフ地震」だ。これまでの記録や観測から現在ひずみが多く溜まっていると見られ，地震発生の確率が高まっている。

下記は，南海トラフで過去に発生した大地震を年代順に並べたものだが，おおよそ100年〜200年の間隔で，ひずみが解放されていることがわかる。そして時間をあまりあけずに連続して地震が発生することも多く，複数の領域で連動するなど「周期性・連続性がある」ということがわかっている。

最も近時には，1944年に昭和東南海地震(M7.9 死者・行方不明者1,223名)，1946年に昭和南海地震(M8.0 死者・行方不明者1,300名)が起こっており，現在はそれから70年以上経過していることから，いつ次の地震が発生してもおかしくない。政府の地震調査委員会が2023年1月に発表した長期評価では，巨大地震の20年以内の発生確率が60％程度とされている。

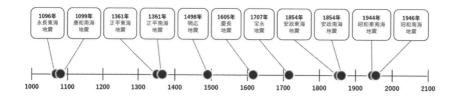

南海トラフ地震では，どのような被害が生じることが想定されているだろうか。2019年に内閣府・中央防災会議が公表した被害想定では，どの地域が最も

大きな被害を受けるのかについて，津波の規模や発生時間帯などでさまざまな
ケースに分けたシミュレーションがなされているが，最悪のケースでは想定死
者数が約 23 万人，建物の全壊が約 209 万棟，建物・資産の直接被害額が約 172
兆円と，東日本大震災を遥に上回る被害が想定されている。

　また，東日本大震災でも大きな被害を及ぼした津波については，政府の地震
調査委員会が 2020 年 1 月に，南海トラフ地震が発生した際の津波の確率を発
表している。木造家屋が全壊するとされる 3 メートル以上の津波に見舞われる
確率が 26％以上だったのは 1 都 9 県の 71 自治体。さらに 5 メートル以上の津
波の発生確率が 26％以上だったのは静岡県掛川市や下田市，愛知県豊橋市，三
重県伊勢市など 29 自治体。10 メートル以上の発生確率が 6％以上 26％未満だ
ったのは静岡県沼津市や南伊豆町，高知県黒潮町，三重県熊野市，徳島県海陽
町など 21 自治体となっている。これにより広範囲で建物やインフラの損壊や
交通の寸断が起こり，サプライチェーンの混乱・途絶が発生することは間違い
ない。

　加えて，発生が懸念されている地震が首都直下型地震である。
　関東地方南部ではマグニチュード 7 前後の地震が平均数十年に一度程度の割
合で発生しており，直近では 1855 年 11 月 11 日の安政江戸地震（M6.9）や，
1894 年 6 月 20 日の明治東京地震（M7.0）などが挙げられる。震源が直下であ
ることから，緊急地震速報の発信が，主要な揺れを引き起こす S 波到達の後に
なってしまう可能性が高く，身構える余裕がないまま地震に見舞われることも
予想される。
　被害想定については，専門家らで構成する東京都の防災会議地震部会が 2022
年 5 月 25 日，全 475 ページにわたる詳細な報告書を通じて公表している。都
が想定を公表するのは，東日本大震災の翌年の 2012 年以来 10 年ぶりとなる。
報告書では「都心南部直下地震」「多摩東部直下地震」「大正関東地震」「立川断
層帯地震」「南海トラフ巨大地震」など複数のケースを想定しており，最も被害

の多い「都心南部直下地震」の場合では，江東区や江戸川区，荒川区などで震度7が観測され，23区の約6割の場所で揺れが震度6強以上に達すると見込まれており，揺れ・液状化による建物被害が194,431軒，電力の停電率9.5%，上水道の断水率が26.4%，死者6,148人，避難者数約299万人，帰宅困難者数約453万人など甚大な被害が予想されている。

　一極集中が甚だしい首都圏が大地震に襲われた場合には，特有の困難が生じることが予想される。まず企業の本社機能が圧倒的に集中している東京の都市機能が停止すれば，司令塔を失った状態で事業継続や復旧の作業にあたらなければならない。また，人口や資産が集中していることから増大されるリスクも多い。大量の帰宅困難者が発生し，それらの人々が，建造物が崩落するなどの被害が出ているなかを無理に帰宅してしまうと，二次災害が発生したり，救助物資の運搬への支障が生じたりすることが懸念される。救急・救助活動，医療活動のリソースは圧倒的に不足するはずであり，避難所や飲料・食料の不足，

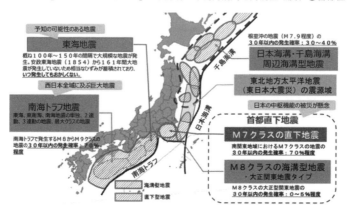

出所：中小企業庁「BCPの必要性と国の支援策について」

情報通信の集中によるサービス停止，群集心理によるデマの流布やパニックなど，都市ならではの事象が多く発生することは間違いない。サプライチェーンは途絶され，たとえば石油化学製品の生産・出荷量で全国有数規模を誇る東京湾岸地域が機能停止すると，自動車メーカーをはじめとしてさまざまな産業に広く影響が出ることが懸念される。

## 危惧される富士山噴火

　地震に留まらず，日本では火山噴火のリスクも高い。世界には約 1,500 の活火山があり，その 7 ％にあたる 111 が日本に集中している。このうち 50 火山については常時監視が必要な対象として，気象庁が監視カメラ・地震計・傾斜計・空振計などでモニタリングするとともに，火山活動の高まりが見られた場合には，より詳細を把握するために機動的に監視を強化できるような体制を敷いている。

　火山が噴火して起こる事象は，噴石の飛来，溶岩流，火砕流・火砕サージなど多岐にわたるが，なかでもサプライチェーンに影響を及ぼすのが火山灰だ。火山灰が降ることによって，まず影響が出るのが物流である。スリップの危険によって道路や鉄道は通行不能になり，航空機も火山灰を吸い込むことでエンジンが停止してしまう危険性から運航できなくなる。
　また，火山灰が電線に積もったり，火力発電所の運転に影響を与えたりすることで，広域で停電が発生する可能性もある。工場では停電や空調設備が使えなくなることに加え，そもそも従業員の通勤が不可能になれば操業停止に追い込まれてしまう。さらに，雪と違って時間と共に溶け去ることはないため，復旧には途方もない労力と時間を要することになる。

　日本で可能性が高まっているのが国のシンボルである富士山の噴火だ。過去

に何度も噴火を繰り返してきた富士山が，最後に大噴火を起こしたのは江戸時代の1707年（宝永4年）のことである。南東斜面に新しい噴火口が生じたこの宝永大噴火によって，当時の江戸にまで火山灰が及んだという記録が残っている。一方で，約5600年前から富士山では合計180回以上の噴火が起きていることがわかっており，平均すると30年に一度のペースである。つまり，今は300年以上噴火していない特異な状況であるといえ，いつ起きてもおかしくないと考えるべきだ。

　これを受け，富士山が噴火した際の影響を示すハザードマップが2021年3月に改定され，それを元に2023年3月には国と山梨・静岡・神奈川の3県からなる「富士山火山防災対策協議会」が，富士山噴火に備えた避難計画を刷新した。ハザードマップの改定で火口の想定範囲が広がり，溶岩流の予想到達範囲が拡大したことから，避難の対象となるのは56万7,000人あまりにのぼるとされている。

　富士山は噴火のバリエーションが沢山考えられることや，マグマ溜まりが深いところにあり観測が難しいということも特徴である。地震とは異なり，気象庁が火山を監視することで予兆をとらえることは不可能ではないが，2014年9月27日に発生した御嶽山噴火は，気象庁が発する5段階の「噴火警戒レベル」では一番低い「1（平常）」というレベルで発生したことを考えると，噴火前に身構える時間があることを，必ずしも期待することはできない。そして，日本の政治・経済の機能が集中する首都圏に火山灰が積もるような状況になれば，その影響は計り知れない。

　ひとたび発生すれば，広範囲にサプライチェーンの混乱・途絶が起き，さらに復旧が難航する可能性が高いのが富士山の噴火である。

＊　　＊　　＊

ここまで述べたような気候変動による水害や,地震,火山噴火といった自然災害はサプライチェーンにとって最大のリスクであり続けるだろう。下記はスイスの再保険会社 Re が集計した 1970 年から 2022 年の世界の自然災害による経済損失額の推移である。阪神大震災のあった 1995 年,東日本大震災のあった 2011 年,米国を巨大ハリケーンが連続して襲った 2017 年など突出した年があるものの,全体の傾向として損害額が拡大してきている様子がよくわかる。そして気候変動によってその損害額はさらに拡大することが懸念されている。

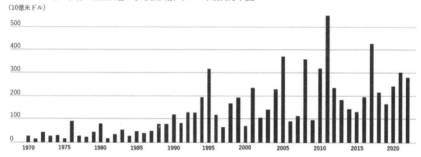

出所:Swiss Re Institute「Natural catastrophes and inflation in 2022: a perfect storm」より作成

# 第2章

# パンデミックは再来する

## 新型コロナ感染症がつきつける新たな課題

2019年末から感染が急拡大した新型コロナウイルスによるパンデミック（感染症や伝染病の世界的な大流行），いわゆるコロナ禍は，世界中の人々の行動を縛りつけ，ライフスタイルを一変させ，価値観すら大きく揺るがす事態に発展した。当然サプライチェーンも大きな混乱に見舞われ，世界中の企業がその対応に追われる形となった。

感染が拡大した当初は，WHO（世界保健機関）によってパンデミックが宣言されたことで，ロックダウン規制などに伴い各国で社会生活に大きな制限がかかって生産が減少。多くの労働者がレイオフされることとなった。経済活動に急激なブレーキがかかったわけである。しかし，その一方でアクセルがかかる局面が同時に発生したのが，コロナ禍の特徴である。景気後退を受けて各国政府が現金給付などの景気刺激策を講じたり，いわゆる「巣ごもり消費」が急速に高まったりすることで，特定の品目（家具，玩具，家電など）やデリバリーサービスに対する需要が急拡大したのだ。

それにより物流の現場での人手不足やコンテナ不足といった事態が引き起

こされた。労働力は不足しているが，モノを運んで届けなければならない。結果，たとえば 2021 年末のクリスマス商戦期には，米国のロサンゼルス港とロングビーチ港で 100 隻以上のコンテナ船が入港を待つような物流の停滞状態が出来した。

　作れない（生産）・運べない（物流）・買えない（販売）という悪夢のような状況から，各企業は事業を立て直すことに大変な労力を払うこととなった。自然災害や事件・事故など，サプライチェーンを阻害する事象は数多くあるが，それらのインパクトは発生時が最大で，その後は直線的に回復していくのに対し，パンデミックは感染の波を繰り返すことでその影響が長く続くとともに，供給と需要の両面が変動し続けることが特徴だ。サプライチェーン上の各種のノード（結節点を意味し，工場・港湾・倉庫・物流拠点などを指す）の状況や市場の動向を見ながら，非常に難易度の高いマネジメントが求められた。

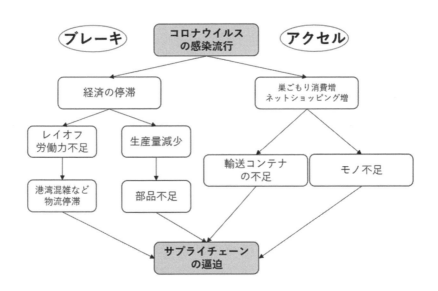

## 来たるパンデミックのために

このようなパンデミックは近い将来再び起こるだろうか？ 下の図は，20世紀以降の人類の歴史において発生した主な感染症流行の年表である。最も大きな死者数を出したものは，1918年から1920年にかけて全世界的に流行した新型インフルエンザ「スペイン風邪」で，約5,000万人から推計によっては1億人以上の人が亡くなった。当時の世界人口が約20億人だったことを考えると，壊滅的な規模のパンデミックであったといえる。

その後，社会の経済的な発展や医学の進歩とともに公衆衛生環境は飛躍的に改善したものの，さらに多くの新型感染症が登場することになる。ただ，2000年代に入ってからのSARS（重症急性呼吸器症候群），新型インフルエンザ，MERS（中東呼吸器症候群）については，各国政府や国際機関の努力によって特定の地域に封じ込めることに成功し，世界的な流行には発展しなかった。そこに襲い掛かったのが新型コロナウイルスCOVID-19であり，あっという間に全世界へと広がっていった。

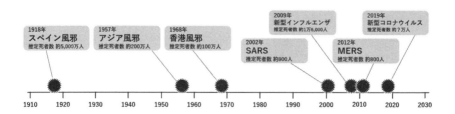

残念ながら，同様のパンデミックが発生する可能性は高まることはあれ，無くなることはないと考えておく方が適当だ。なぜならば，現在の発展途上国が豊かになり中間層が増加していくなかで，今後より多くの人が国境を越えた移動をするようになるからである。また，新型感染症は動物由来であることが多い。新型コロナウイルスもコウモリが発生源となり別の動物を仲介役として人

に感染した可能性がいわれており、また SARS はハクビシンやタヌキから、MERS はラクダから、アフリカで地域的な流行が散発しているエボラ出血熱はチンパンジーやコウモリからの感染が疑われている。

　世界的な人口増と社会の経済発展が進むなかで、自然環境の開拓や森林破壊が進み、人と動物との新たな接触機会はどうしても増加していく。新型感染症が発生する可能性は否が応にも高まるだろう。新しいウイルスが登場し、それが猛烈なスピードで世界に蔓延するということは、想像したくはないが、またすぐに起きてもおかしくないといえる。

　地震や台風などの自然災害によってサプライヤーや自社工場に損害が生じ、供給の流れが止まってしまった場合にどのように対応するか、いわゆる BCP（事業継続計画）を定めている企業は、災害への意識の高まりや政府の積極的な後押しによって増加している。しかしパンデミックへの対応では、「供給が止まったら」だけを考えればいいわけではなく、需要も激しく動揺することになる。需給のバランスがシーソーのように激変するなかで、国境を越えた人の移動制限や感染対策などの制約を抱えつつ、生産調整や在庫の過剰・不足・偏在の調整をこなさなければならない。需給双方の変動に対して適応できるサプライチェーンを構築する必要性が生じているのである。

# 第3章

# 地政学リスクの高まり

## ウクライナ侵攻の衝撃

2022年2月24日，ロシアによるウクライナ侵攻が勃発した。専門家すら起こることを予想していなかった事態に，世界は衝撃に見舞われ，サプライチェーンにも大きな影響が出た。

製造業への影響としては，現地工場の操業停止や，国際社会によるロシアへの貿易上の制裁及びそれに対するロシアの報復措置などにより，工業品や原材料の供給が停滞を余儀なくされることとなった。なかでもレアメタルはロシアへの依存度が高い品目で，白金族金属と呼ばれるパラジウムは，自動車の排ガス除去フィルターやスマートフォンの製造などに使われており，産出量の4割をロシアが占めている。また，ハードディスクや電池の部材になるプラチナやコバルトもロシアが多く供給している原材料だ。

さらに，ロシアとウクライナは共に半導体の製造に欠かせないネオンガスの生産国で，ウクライナは世界の高純度ネオンガスの7割近くを供給していたことから，半導体，特にDRAMやフラッシュメモリの生産に大きな影響が出ることとなった。そして，ウクライナは肥沃な平地を多く持ち，歴史的に「ヨー

ロッパの穀倉」と呼ばれているほどで，国土の約7割を農用地が占めている。ロシアとともにトウモロコシやライ麦，大麦の有力な輸出国であるため，この2カ国からの農作物の輸出が滞ることで，サブサハラを中心に世界各地で食糧不足が発生した。

　欧米諸国は金融制裁として，国際貿易を円滑に行うためのシステム「SWIFT」（国際銀行間通信協会）からロシアを締め出す措置をとった。これは「金融上の核兵器」とも呼ばれる強力な措置だ。これによりロシアの銀行は世界中の金融市場へのアクセスが厳しく制限され，ロシアの企業や個人は輸出入の代金決済や，海外での借り入れ・投資などが困難になる。こうした動きは当然，外資の企業活動にも影響を与え，JETRO（日本貿易振興機構）の調査によると2024年2月時点でロシアに進出している日本企業の6割超が一部もしくは全面的に事業を停止している。

　物流への影響も深刻だ。欧州各国はロシアに対する制裁措置の一環で，ロシア国籍の航空機の乗り入れを禁止した。それに対する報復としてロシアは欧州国籍の航空機の領空飛行を禁じ，これにより航空会社は航空便の欠航・運休，ルートの変更といった措置を取らざるを得なくなった。現在は安全面の理由などから日本航空（JAL），全日本空輸（ANA），日本貨物航空（NCA）などの日本企業を含む欧州以外の航空会社も，ロシア領空を迂回するルートで運航することを強いられている。ルート変更により運航距離は伸び，人件費や燃料費がかさむことになる。

　また，ロシアは世界有数のエネルギー大国で，天然ガスは世界第2位，石油は世界第3位の生産量を誇る。実際にエネルギーの供給が滞ればもちろんだが，滞るのではないかとの懸念が広がることでもエネルギー価格は高騰してしまう。特に天然ガスについては，欧州諸国は需要全体のおよそ3割をロシアから輸入していたため，欧州での天然ガス価格は跳ね上がっている。当然その価格はア

ジアでのLNG（液化天然ガス）の市場にも及び，大量のLNGを輸入して発電している日本電力会社にとっては燃料代が高騰することになるため，電気代が上昇する一因となり，現在われわれの家計に打撃を与えている。

そしてこれに絡んだサイバー攻撃のリスク増加も見逃せない。今や戦場は陸海空にとどまらず宇宙，そしてサイバー空間にも広がっており，事実ロシアはウクライナの政府や金融機関へのサイバー攻撃を激しく展開した。日本政府が他国と協調して制裁に加わることで，報復として日本の政府や企業がサイバー攻撃の標的になる可能性は十分にある。

本書執筆時点ではまだ激しい戦闘が続いており，停戦につながる兆しが全く見えていない。ロシアが核兵器をちらつかせており，NATOやベラルーシを巻き込んだ戦況のエスカレートや，万が一にも核兵器の実使用に至るとすると，国際情勢はさらに混迷を極めることは間違いない。

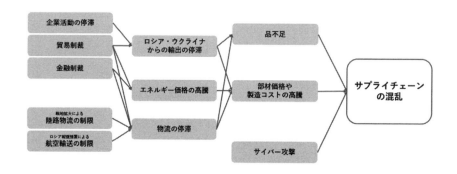

## 中国の覇権主義的な動き

中国では，習近平が党内で絶大な権威を確立し，強権的に政権運営を進めている。習近平国家主席は2023年3月の第14期全国人民代表大会（全人代）第

１回会議の閉幕会議で重要演説を行い，「社会主義現代化強国の全面的完成と中華民族の偉大な復興の全面的推進が中心的な任務」であると述べた。具体的には，アメリカを筆頭とした西側諸国による世界秩序にチャレンジし，中国主導による新秩序を確立し，覇権を唱えることが氏の野望であると分析されている。攻撃的な戦狼外交や，ロシアや北朝鮮に対する擁護姿勢，南シナ海での人工島建設による実効支配の推進などあらゆる場面で西側諸国・周辺諸国との軋轢を引き起こしている。

　また，国内情勢に目を向けてみると，新型コロナウイルス対応の失策，不動産セクターのデフォルト連鎖，地方財政の逼迫，国内格差の拡大，社会保障が行きわたらない内の人口ピークアウトなど多くの問題を抱えている。これまでは経済が急成長し，特に沿岸部では明らかに生活が豊かになったことで，中国共産党の正統性について大きな疑義は表面だってこなかった。

　しかし，これまでのようなペースでの経済成長は難しくなるなかで，民衆の不満が高まるようなことがあれば，それが抗議デモのような形で噴出する可能性は低くない。特に，2022年11月から12月に展開された「白紙革命」と呼ばれるゼロコロナ政策に反対する大規模抗議デモでは，一部当局による抑え込みはあったものの，隔離措置や行動制限（ロックダウン）を取り下げさせ，政策の転換を実現した。「抗議デモによって中国共産党を動かした」という成功体験は，今後の民衆の動きにも影響を与えるものと思われる。

　経済成長が至上命題である一方で，いまアリババをはじめとして，力をつけた民間企業に対する統制を強める動きも強くなってきている。社会主義を建前としながらも，自由経済を持ち込んだことで目を見張るような成功を収めた中国にとって，統制の強化は経済成長を大きく阻害する可能性がある。今後も一党独裁の正統性を保持しつつ，社会を発展させていくためには，非常に難しい舵取りが求められるのではないだろうか。

　そしてもし，中国政府が何か内政的な難局に陥った場合，外に目を向けさせ

るべく反日機運を焚きつけたり，もっと広く攻撃的な外交姿勢を見せたりする可能性も十分に考えうる。独裁的ポジションを築き上げた習近平国家主席が，まさかといわれたウクライナ侵攻を断行したロシアのプーチン大統領と同じように，「合理的に考えたらありえない判断」を下す危険は否定できない。

　そのなかで最も危惧されるのが台湾への武力侵攻だ。台湾及びその周辺のシーレーンや航空路は，半導体をはじめとした製品のサプライチェーンにおいて重要な意味を持ち，もし実行に移された場合には世界経済に深刻な影響をもたらすだろう。

　2023年3月には大手製薬メーカー・アステラス製薬の社員である50代日本人男性が，「反スパイ法」に違反した疑いがあるとして，理由も明らかにされないまま中国国家安全局によって拘束された。さらに2023年7月にはこの反スパイ法が改正され，当局がより恣意的に運用することが可能となっている。外国企業からすると自社の従業員がよくわからない理由で拘束されたり刑罰を科されたりする可能性が高まることとなった。

　中国のカントリーリスクはかつてなく高まっている。これまで企業は「世界の工場・中国」を大前提にサプライチェーンをグローバルに張り巡らせてきたが，今それを大幅に見直すことを迫られているといえるのではないだろうか。

## 進む世界の分断

　ロシアは，西側諸国との敵対関係が強まる結果，中国への依存度を増さざるを得ない。そして中国は，ロシアや外交で味方につけたグローバルサウス諸国を巻き込みながら，米国主導の世界秩序に挑戦を続けるだろう。こうして中ロを始めとした「強権的国家陣営」と，米国を筆頭とした「民主主義国家陣営」が対立する構図が浮かび上がっている。

経済成長とともに世界の民主化は進んでいるのではないかと考える向きも多いと思うが，事実は異なり，実はこの10年で強権的国家の数は増加し，民主的国家の数は減少している。イギリスのEconomist誌傘下の研究所，Economist Intelligence Unit (EIU)は毎年，「Democracy Index」という報告書を発行し，167の国と地域の政治体制を「選挙プロセスと多元主義」「政府が機能しているか」「政治参加」「政治文化」「国民の自由度」といった項目で採点をしている。

2022年時点で民主的国家（完全な民主主義（Full democracies）と欠陥のある民主主義（Flawed democracies）の合計）は72カ国なのに対し，強権的国家（混合政治体制（Hybrid regimes）と独裁政治体制（Authoritarian regimes）の合計）は95カ国であった。ちなみに構成する人口比では強権的国家45.3% vs 民主的国家54.7%となる。また，2012年には民主的な国78カ国に対し，強権的な国は89カ国だったので，10年間で強権的な国は増加しているのだ。具体的にはベネズエラ，カンボジア，マリ，レバノン，キルギスなどといった国が直近で強権的な色彩を強めた国々である。

開発独裁という言葉があるように，経済発展のためには政治的に安定していることが重要であり，特定のリーダーが専権を振るうことが発展途上国の成長を促す側面があることは認めざるを得ず，強権的な体制を一概に否定することはできない。しかしそうした国々の権力者は，政治過程で人権侵害をためらわないケースが多々あり，彼らにとってはうるさいことをいう西側の民主主義陣営よりも，中国やロシアのような国についていく方が都合がいいという事実があるのも確かだ。

国際関係は実に複雑にからみあっているために単純に言い切ることはできない（たとえばインドなどは民主的国家陣営にありながら，パキスタンへの対抗上ロシアを完全に距離を取ることができない）が，このような「強権的国家陣営」vs「民主主義国家陣営」の分断，いわば価値観による冷戦の構造が今後の国際関係を規定する枠になっていく可能性が高い。

## 分断がサプライチェーンにもたらすもの

こうした世界の分断はサプライチェーンにはどのような影響をもたらすだろうか。

1945年の第二次世界大戦の終結後,紆余曲折を経ながらも国際社会はつながりを深め,経済はグローバリゼーションとともに発展を続けてきた。しかしここに来て初めてその動きに強烈な逆回転がかかり始めている。分断を象徴的に表す二国関係が「米中対立」だ。米ソ冷戦時とは異なり,米中の経済はお互いに深く結びついているため,完全に分断されるような事態には至らないと考えられるが,サプライチェーンの切り離しである「デカップリング」,国内回帰させる「リショアリング」,友好国への移転である「フレンドショアリング」といった動きが,戦略物資である半導体や希少な鉱物資源などを中心として間違いなく進んでいくことになる。

事実,たとえば米国や日本は半導体産業などの自国回帰に対して巨大な補助金を投じるとともに,輸出管理を厳しいものにし始めている。2023年3月31日には,日本政府は先端半導体の製造装置など23品目を輸出管理の規制対象に加えると発表した。この措置は米国のバイデン政権が進める先端分野の半導体,その製造装置,知的財産などの対中禁輸措置の強化に沿ったものである。

新たな保護主義とも呼ばれる,安全保障や環境保護を名目にした保護貿易化は,物価抑制が困難になることでインフレの進行につながったり,また経済のブロック化につながったりしていくことになる。一部の学者は,経済のグローバル化が戦争を阻止する役割があると指摘しており,貿易関係が薄れてしまった国同士ほど軍事衝突が起こりやすいとする研究もある。帝国主義諸国同士の経済ブロック化が第二次世界大戦をもたらしたことを考えると,グローバル化の逆回転は世界情勢を不安定化させるものと危惧せざるを得ない。

こうした事態を受けて，国際的企業はサプライチェーンの組み替え・再構築を迫られている。共同通信社が 2020 年末に，海外流出を防ぐ必要がある重要技術を持つと国が認定した日本企業 96 社に対して行ったアンケートでは，4 割を超える企業がサプライチェーンの拠点を中国から周辺国に分散化する動きを進めていることが分かっている。

　また，中国に代わる生産活動を行うエリアを指す言葉として，「オルトエイジア（Altasia）」がある。オルトエイジアとは，北海道からインド北西部までの半月状の地域で，ここに含まれるのは日本，台湾，韓国，インド，シンガポール，マレーシア，ベトナム，インドネシア，タイ，ブルネイ，バングラデシュ，カンボジア，フィリピン，ラオスの 14 カ国である。ラオスやカンボジアなど，政治的に中国に近い国々も含まれるが，こうしたエリアが新しい製造拠点として発展・勃興していくことが予想される。

　なかでも巨大な市場でもあるインドやインドネシアへのシフトの動きは強く，日本政府はインド太平洋地域におけるサプライチェーン強靱化を目指し，2021 年にはインド・豪州とともに「サプライチェーン強靱化イニシアチブ（SCRI）」を立ち上げたり，インドネシア政府との外務・防衛担当閣僚協議において，脱中国とサプライチェーンの分散化のために日本企業のインドネシアへの投資を後押しすることを確認したりと，この流れを後押ししている。

　また，2023 年 3 月に訪印した岸田首相は，安倍政権から引継ぐ外交方針である「自由で開かれたインド太平洋」構想の一環として，インドとバングラデシュに跨る「産業バリューチェーン構想」を打ち出した。今や日本の ODA 提供国の 1 位・2 位になったインド・バングラデシュを巻き込んだ，経済・安全保障上の戦略的な動きということができる。これはタイ，カンボジア，ベトナムの「メコン南部経済回廊」に続いて新しい経済圏を作ろうとする計画であり，こうした日本政府の動きを注視しつつ，企業は新しいサプライチェーンを構想しなければならない。

# 第4章

# 経済安全保障

## 戦略物資としての半導体

　地政学とは，海洋や大陸など地理的な条件に着目して，国際関係を考察する学問である。しかし，インターネットが社会のあらゆるところまで行きわたり，情報通信によって生活が成り立っている現代では，そうした物理的な地形や距離だけが地政学における決定要因ではなくなってきている。新たに経済的・産業的な視点を含めなければ現在の複雑な国際情勢を見極めることは難しくなっているのだ。地政学に経済的な手段を活用することまで含めて検討する学問である「地経学」に脚光が集まっているのはそのためである。

　たとえば現代の産業に欠かせない半導体は，まさに地経学的に最重要の製品だといえる。

　2020年10月20日，旭化成マイクロシステムの半導体工場である延岡事業所（宮崎県延岡市）で火災が発生した。4階にあるクリーンルームから出火した火は瞬く間に燃え広がり，危険な薬剤などがある関係で消防隊が近づくことができず，鎮火するまでに丸々4日間を要するとともに，操業は完全停止を余

儀なくされた。この工場で生産されていたのは，汎用品ではなく，特定用途向け専用チップであったため，代替品の調達が難しく，多くの企業のサプライチェーンに大きな影響が出た。

　また，2021年3月19日には，ルネサスエレクトロニクスの那珂工場（茨城県ひたちなか市）で大規模な火災が発生。この工場は自動車の各種制御に使う車載用マイコンを製造する工場であり，この火災によってしばらくの間，生産能力の大部分が損なわれていたと見られる。これらの工場火災によって，新型コロナウイルスの影響で発生していた半導体不足にさらに拍車がかかり，自動車を筆頭として多くの製造業者が新モデルの発売を遅延させざるを得なかった一方で，業種を超えた半導体チップの確保競争が引き起こされることとなった。半導体産業の脆弱性が明るみに出たケースといえる。

　半導体は，いまやあらゆる製造業，サービス業に欠かせない部品であり，生活を見えないところで支える社会インフラになっている。今後，社会のデジタル・トランスフォーメーション（DX）が進めば進むほど，さまざまな仕事をする専用チップが必要となっていくことを考えると，特定の工場で発生したインシデント（危機事象）が広く影響を及ぼすことが想定される。

　一方，半導体は国家の安全保障を直接的に左右する戦略物資としての側面も持つ。ウクライナでの戦争やアゼルバイジャンとアルメニアの紛争，イランとイスラエルの対立でも実際に投入されているドローン兵器を始めとして，今後はAIチップを搭載したロボット兵器が戦況左右することになる。大量のミサイルや巨大な空母，多くの人員を投入する戦争から，AIチップを積んだ低コストの兵器を使った戦争へ。半導体が軍事力を決定づける要因になりうる時代になってきている。

## 経済安全保障という視点

現代においては，国家の主権を守るという意味での安全保障と，自国の経済や特定の産業を守るという意味での安全保障が密接にからみついている。そのことを象徴する新しい言葉が「経済安全保障」である。日本政府も，菅義偉政権が「経済財政運営と改革の基本方針（骨太の方針）」を策定し，デジタル化や脱炭素など4分野に重点を置くと同時に，半導体を戦略物資と位置づけた。

具体的には，半導体の製造拠点を誘致する目標を定め，米国や台湾の有力メーカーと日本企業の連携を後押ししており，そのひとつの成果が，台湾の世界最大の半導体受託製造企業 TSMC の熊本への誘致成功である。さらに，岸田政権では経済安全保障を担当する閣僚ポストを新設し，サプライチェーンの強化に集中投資する政府の方針が明確になっている。

強い半導体産業を国内に持つことが国家の安全保障につながることは間違いない。各国も TSMC やサムスン電子など有力半導体企業の工場設置を積極的に誘致しているとともに，米国は中国への半導体製造装置の輸出に強力な規制をかけている。また，米国バイデン政権が主導する米国・日本・韓国・台湾による半導体サプライチェーンの協力枠組み「Fab4」が 2023 年2月に初の高官レベル会合を持つなど，経済安全保障上の動きが非常に活発になってきている。

また，危惧される中国による台湾軍事侵攻も，経済安全保障の観点から見ると，半導体サプライチェーンの危機と見ることができる。台湾は世界の半導体受託製造で 60%以上のシェアを有しており（2022 年時点），軍事侵攻で製造が止まれば，世界の経済が麻痺することは間違いない。

その他にも「経済相互依存の武器化」という言葉もクローズアップされている。グローバリゼーションとは，国同士の相互依存の深化に他ならない。国内

における分業と同じように，それぞれの国がそれぞれの得意な分野に集中することで，世界は物質的な豊かさを享受してきた。この依存関係は時として武器に変わることがある。2010年に尖閣諸島沖で中国の漁船と海上保安庁の巡視船が衝突を起こした際，中国は日本向けのレアアース輸出に規制をかけた。また，韓国が2016年に地上配備型ミサイル迎撃システム（THAAD）の自国への配備を決めた際には，中国人観光客の韓国への渡航が制限されるということもあった。

　中国に限らず，ロシアが欧州をはじめとした国々がエネルギーを自国に依存していることを利用して，政治的な揺さぶりをかけるのは常套手段となっており，また米国が数多く行っている経済制裁や特定の国や企業を市場から締め出すための規制の導入などもこうした相互依存の武器化の範疇に入るだろう。政治的な問題が，経済的な領域に，そして企業の活動に大きな影響を与えるケースが増加しているのだ。


　こうした流れを受けて，日立製作所が経済安全保障室という部署を新設したり，住友商事が自社シンクタンクとの情報共有を強化する方針を発表したりするなど，日本企業の間でも経済安全保障の面でのリスク監視体制を強化する動きがある。半導体は前述の通り最重要の製品であるが，他にもレアメタルや製造に広く必要となる素材，またはAI技術なども「戦略物資」として重要性があり，国際政治の動きを見ながらグローバルでのサプライチェーン体制を設計する必要が高まっているといえる。

# 第5章

# 物流危機

## 物流が止まる

　日本において今後サプライチェーンに大きな影響を与えそうな問題が、「物流危機」だ。

　物流危機とは、業界の構造的な問題や予定される法改正によって深刻な労働力不足が生じ、企業の物流活動において必要不可欠なトラック輸送のキャパシティが不足してしまう問題を指す。このままでは物流費が高騰し、モノが届かなくなってしまうという声があがっており、政府や業界は対策を急いでいるものの、何か即効性のあるアクションを期待することは難しい。この危機を作り出している原因はひとえに、物流への需要が増加をたどる一方で、輸送能力が低下していってしまっていることに尽きる。

　ロジスティクスシステム協会の資料によれば、2015年には需要と供給がつりあっていたところ、2020年には需要が15％上回り、2030年にはこのギャップが36％まで広がると推定されている。単純にいえば、荷物の3つに1つは届けたい時に届けられないという事態になるわけだ。

需要の増加については，オンラインショッピングの普及による影響が大きい。特にコロナ禍で在宅を強いられたことで，それまであまりオンラインでモノを買うことやデリバリーを頼むことをしてこなかった層のライフスタイルが一変したことで，普及に一層の拍車がかかった。また，荷主や消費者のニーズが多様化し，それに対するサービス競争が激化するなかで，多頻度小ロットの配送が多くなったことも梱包・管理・配送にかかる工数を大きく押し上げてしまっている。

他方，供給にあたる輸送能力に目を向けると，前述のロジスティクスシステム協会の推計では，2030年の営業用貨物自動車の供給力は，2015年に比べて3割も減少してしまう。その要因は深刻なドライバー不足であり，現職のドライバーの高齢化が進む一方で，多重の下請け構造から賃金が上がらず労働環境が過酷なことから，新たななり手が圧倒的に不足してしまっている。

さらに，「2024年問題」がある。2024年問題とは，働き方改革関連法に基づき，2024年4月1日からドライバーの時間外労働に上限規制（年960時間）がかけられ，ドライバー不足がより深刻してしまう問題を指す。仕事量が制限されることから賃金が下がり，さらに離職するドライバーが増加してしまう事態も危惧されている。

また，脱炭素対策によるコスト増が追い打ちをかける。企業の温室効果ガスの排出抑制が求められるなか，トラックなどの営業用貨物自動車を電動化していく流れは今後間違いなく強まっていき，車両の買い替えなどの対応は企業の利益を圧縮する要因となる。このように，物流業界は現在危機的な局面にある。物流は言うまでもなくサプライチェーンを構成する重要な要素のひとつであり，物流業界が機能不全に陥ることになれば，混乱や機会損失が発生することを免れることはできないだろう。

44　第2部　なぜいまサプライチェーン強靭化が求められているのか

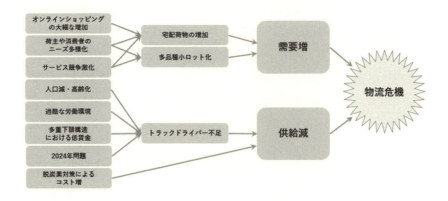

# 第6章

# 強い
# サプライチェーンの構築へ

## 時代の曲がり角へ

　20世紀以降，急速な発展を遂げてきた人類社会であるが，そのかげで地球環境へ負荷をかけ続けたことで気候危機を招こうとしている。これに対応するため，現在世界は急速に脱炭素化に向けて動いているが，これは国際政治の舞台で重要な意味を持っていた化石燃料の価値を大きく減じさせることにつながる。急速に進むクリーンエネルギーへのシフトは，国際的なパワーバランスを不安定化させる原因となり，現に中東では米国のプレゼンス低下によって，各国の姿勢や関係が変化してきている。

　厳しさを増す国際情勢だが，強権的国家のふるまいだけが問題なのかといえばそうとはいえない。民主的国家の内部を見ても，フランスの経済学者トマ・ピケティが指摘したように資本主義経済下においては構造的に格差が拡大する傾向にあり，経済的分断が進んでいるとともに，米国の民主党支持者と共和党支持者の間で見られるような深刻な政治的分断も先進国に共通して見られる現象だ。顕著な例として，2023年にはフランスで再びイエローベスト運動が吹き荒れ，人々が暴れまわって町を破壊した。新型コロナウイルスへの対応につい

ても，以前よりパンデミックの発生について警鐘が鳴らされ準備を行っていたのにもかかわらず，国際社会も各国政府も，上手く対応できたとはとてもいえない。

　貧困層やエッセンシャル・ワーカーが最もそのインパクトを受ける一方で，国際NGO「Oxfam（オックスファム）」によると，世界で上位1％の富裕層がコロナ禍の2年間に獲得した資産額は，残りの99％の約2倍であったとされる。政府の役割は，生産性を最大化する基盤やルールを作り，そこから得られる果実を公平に分配して格差が大きくなりすぎないように調整することだ。しかしわれわれが民主主義のプロセス，つまり自由選挙によって選ぶ国会議員がそれを満足に実現できている状況とはいい難い。かくして各国では不安や不満を背景に右派的政治勢力が伸長し，自国第一主義・保護主義が台頭してきている。

　個人の自由や人権は限りなく大切だが，これまでの民主主義や資本主義といった社会の基本的なシステムが曲がり角に来ているように感じられる。イギリスの元首相チャーチルは，「民主主義は最悪の政治形態といわれてきた。他に試みられたあらゆる形態を除けば」との言葉を残したが，より良いシステムを模索すべき時に来ているのではないだろうか。

　他方，テクノロジーの急速な進化も，時代を不安定なものにしうるものである。米国のOpenAIという企業が開発し，2022年11月に発表した人工知能（AI）チャットボット「ChatGPT」は，その人間と遜色ない自然なやりとりで世界に衝撃を与えた。他社もすぐに追随し，LLM（大規模言語モデル）を用いたチャットサービスなどはさまざまなところで社会を変えていくだろう。

　それに対し，「人間の仕事を奪うのではないか」「人間を攻撃するのではないか」といった不安の声があがっていることからわかる通り，革新的な技術の進化というものは，総体的にプラスなものであっても，その変化は社会を不安定にしてしまうことがある。現時点ではAIが勝手に暴走するようなことは考えにくいが，これまでの誰かの仕事を代替してしまうことは間違いない。

第6章 強いサプライチェーンの構築へ　47

　そうした変化がゆっくり起きるのであれば，人間や社会もゆっくり適応して
いけばいいのであるが，AIやロボティクス，量子コンピュータ，バイオテクノ
ロジー，ナノテクノロジーなどさまざまな技術分野で進歩のスピードは目覚ま
しく，急速にわれわれの生活を変えていく。人間の価値観や社会制度はそれに
ついていけるだろうか。

## 求められるサプライチェーン強靭化

　自然災害，新型感染症のパンデミック，地政学的リスクの高まり，物流危機，
テクノロジーの進化……これまで見てきたように，人類社会の進歩は曲がり角
を迎え，これまでにない不確実性の高い時代に突入していく。そんな時代にあ
っても企業は社会に価値を提供し続けるべく，サプライチェーンを不確実性に
負けない強靭なものにすることが急務となる。これまで，効率化・低コスト化
という文脈で追求されてきたサプライチェーンマネジメントであるが，サプラ
イチェーンの脆弱性を克服し，レジリエンスを高めることが要請されている。
日本政府も，製造事業所の国内回帰や多元化を促進するような補助金制度を立
ち上げたり，外国と戦略的な品目についての協定を結んだりするなど積極的に
動いており，企業にとってサプライチェーン強靭化に取り組むべき環境は整っ
てきている。

# 第3部

# サプライチェーンを
# 脅かすリスクとは

# 第1章

# リスクの分類

## 近年のサプライチェーン混乱・途絶の事象

| 発生年 | 事象 | 影響 |
|---|---|---|
| 2011年 | 東日本大震災 | 未曾有の地震・津波・原発事故により、高い生産効率を誇る国内での集中生産が、震災というリスクに対して極めて脆弱あったことを示し、サプライチェーン見直しの契機となった。 |
| 2011年 | タイ洪水 | バンコク北方の電気・電子部品の産業集積地が壊滅的被害を受け約450社の日本企業が被災、特にハードディスクが品薄となって滞り、全世界のパソコン生産に影響を与えた。 |
| 2016年 | 熊本地震 | 震度7の地震が観測史上初めて、しかも2回に渡って発生。さらに震度6強・6弱の地震も複数回発生し、ソニー、トヨタ自動車系列、ダイハツ工業、ルネサスエレクトロニクスなどが工場を操業停止。 |
| 2018年 | 平成30年7月豪雨 | 記録的な長時間の豪雨が広島県・岡山県を中心とした西日本を襲い、川の氾濫や土石流により鉄道や高速道路などの物流網が寸断された。マツダや日本製鉄などが生産停止を余儀なくされた。 |
| 2018年 | 北海道胆振東部地震 | 北海道胆振東部を震度7の地震が襲い、その影響で道内のほぼ全域295万戸が停電する「ブラックアウト」が史上初めて発生。2日間以上の停電で生産活動や物流が全面的に阻害される結果となった。 |
| 2019年 | 台風19号 | 10月に巨大な台風が日本列島を襲い、各地で記録的な大雨がふり、河川の氾濫や土砂崩れなどが多くの場所で発生した。特に阿武隈川の氾濫では福島県の工業団地で大規模な浸水被害が発生した。 |
| 2020年～ | 新型コロナウイルスパンデミック | 都市封鎖による中国からの輸出の停滞、国際的な移動制限による技術者や労働者の不足、旅客機の減便による航空輸送キャパシティの減少など、多方面から大きな影響が生じた。 |
| 2021年 | ミャンマーでのクーデター | 2月に軍がクーデターにより全権を掌握。国民はデモ活動を通じ抗議をするもそれを軍が弾圧し、地方の少数民族の地域も不安定になるなど国情が悪化。工場の停止・事業の撤退が相次いでいる。 |
| 2022年 | ロシアのウクライナ侵攻 | 侵攻の影響によって小麦、肥料、自動車部品が劇的な供給不足や価格上昇に見舞われた。また、ロシアは半導体製造に必要なパラジウムの40％を供給し、ウクライナはICの製造に必要なネオンの70％を生産していることから半導体不足につながった。 |

## 多様なリスク

第2部では，われわれが不確実性の高い時代に生きており，企業にとってはサプライチェーンの強靭化が急務となっている背景を確認してきた。この第3部では，サプライチェーンを脅かすリスクにはどのようなものがあるのか，そしてそのそれぞれの特徴は何かについて点検していきたい。

サプライチェーンの混乱・途絶を引き起こしうるリスクは実に多岐にわたる。通常，人事部門や総務部門などが主管となってまとめることが一般的な BCP（事業継続計画）においては，あくまで工場や本社事務所など自社のリソースを中心にリスクを想定し，いかに事業を継続するか，災害からの復旧を行うかということが策定される。

しかしサプライチェーンの強靭化を図るにあたっては，自社リソースだけではなくサプライチェーン全体を対象として考える必要があることを最初に確認しておきたい。すなわち，サプライヤーや物流業者，外部委託先などが影響を受けることでサプライチェーンの混乱・途絶が起こることを想定の中に入れなければならない。リスクを起因別に整理すると，「自社起因リスク」「関係他社起因リスク」「環境起因リスク」に分けることができる。

また，BCP では主に，地震や台風といった突発的・急性的なハザードリスクを主な対象にするが，サプライチェーン強靭化においてはある国の政情や気候変動の影響など，影響が出るまで時間がかかる慢性的なリスクをも射程に入れるべきである。

### ◇ 環境起因リスク

自然災害や，一国における政治的な情勢の変化など，サプライチェーンの外側にあるマクロ的な要因に基づくリスクを指す。BCP は主にこうした外部からのインシデント（危機事象）に対して，事業をいかに止めず，また止まっても

すぐに復旧できるような計画を立てるものである。基本的に，自社の努力でそのインシデントの発生を止めることはできないため，リスクを避けるためには工場や設備などを災害に耐えられるように強化することや，サプライチェーンを組み替えることでインシデント発生リスクが低い場所に拠点を移すといった抜本的な対策が必要となる。

### ◇ 自社起因リスク

自社に起因するリスクとしては，自社工場や倉庫での火災や自社物流における事故など，不可抗力によるものと，不正行為といった作為的なものに分けられる。前者については事故防止の取り組みを行い，後者についてはサプライチェーン・リスクマネジメントの範囲に留まらず，品質管理の強化や内部統制の強化という経営問題としてとらえるべきである。いずれにしても，自社内で完結するものであり，意思を持って対策を実行することでこれらリスクを制御することは可能である。

### ◇ 関係他社起因リスク

サプライチェーン内部であるが，自社ではない主体を起因とするリスクである。たとえばサプライヤーの製造事業所でオペレーションミスによって生産が止まってしまう事態や，物流業者の輸送キャパシティが逼迫してモノが運べなくなる事態などが挙げられる。自社と当該他社とのパワーバランスにもより対応が変わるが，自社が強い指導力をもって改善していくケースや，間接的にインセンティブを与えることで対策を促すケースなどが考えられる。特にサプライヤーにおけるリスクをどれだけコントロールできるかがポイントとなる。

自社リスクは自社が意思をもってすれば対策を打つことができるが，関係他社起因のリスク，環境起因のリスクと下図の外側にいくに連れて自社で打てる手は減少することになる。たとえばアメリカ西海岸に自社とサプライヤーが工場を持っていたとしよう。自社工場の火事については防火の対策を打つことで

火事による生産停止のリスクを抑制することが可能である。しかしサプライヤーの工場における火事（関係他社起因リスク）の場合には，依頼・インセンティブ・ペナルティ，色々な手で促すことはできるが実行主体はあくまで他社である分コントロールは難しくなる。さらに，例えば山火事が工場に迫る場合，これは環境起因リスクであって，消防隊が火を食い止めることを期待する他力本願な姿勢をとらざるをえない。

　また，サプライチェーンのリスクというと，「サプライヤーが被災して部品の供給が止まった」や「台風で物流が止まって部材が届かない」といった，供給サイドからの流れが止まってしまう事態を想定することが一般的であるが，実際には需要サイドの急変動や不確実性というものもサプライチェーンに混乱をもたらす原因となる。

　たとえば，急激に需要が増加したことによって，生産計画を上方修正したが，供給が足りずに売上の機会損失や取引先の信用失墜をもたらしてしまう。逆に，急激に需要が冷え込んだことによって，不稼働在庫が積みあがってしまうということも考えられる。コロナ禍において，数多くの製品で発生した事象である。

　リスクという言葉は，一般的に「危険性」だとか「将来に悪いことが起こる可能性」といった意味合いで理解されているが，本来は「不確実性」のことを指し，企業にとっては「収益や損失に影響を与える不確実性」を指す。つまりプラス方向への変動も含む言葉なのである。たとえうまく適応すれば売上アッ

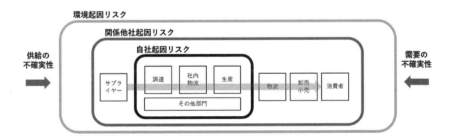

プにつながる需要増の局面であっても，不確実性はサプライチェーンに混乱や途絶をもたらしうるということを認識しておきたい。

## リスクを整理する

企業はさまざまなリスクに囲まれて事業を営んでおり，たとえば自社の品質問題によるリコールや採用難による人手不足といった通常の経営上のリスクについてもサプライチェーンに間接的には影響を与えうる。しかしそれらを列挙していくときりがないため，ここではより直接的にサプライチェーンに影響を与えるリスクを整理・分類した。また，これはどのようなリスクがあるかを俯瞰するために作成した表であり，重複があることをご理解いただきたい。

たとえば，自然災害リスクはカントリーリスクという中にも含まれているし，自然災害が原因でインフラの不具合が発生したり，地政学リスクが顕在化することでレピュテーションリスクにつながったりといった形で，あるリスク事象

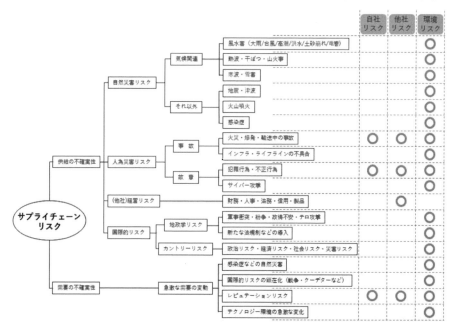

が他のリスク事象を引き起こすことも考えらえる。サプライチェーンに影響を与えるリスクは，多岐にわたるとともに重層的に存在するものである。

## 進行型か突発型か

何に起因するかというリスク分類はすでに紹介したが，発生するインシデントを進行型・突発型・その中間のものという形で整理することも可能である。たとえば突発型のインシデントの代表である地震，テロ，サイバー攻撃や事故といったものは基本的に前触れなく突然に発生する「突発型」のインシデントだといえる。一方，たとえば感染症や寒波・熱波などは時間と共に徐々に影響が拡大・変化していき，インパクトが段階的に生ずるため，「進行型」のインシデントだ。その中間に属するものとしては，たとえば火山噴火は山体の膨張や地熱の観測を行うことでリスクの高まりを把握することはできるので，地震などに比べれば発生の予見可能性があるものといえる。また，台風は発生のタイミングを正確に予期することは難しいものの，発生しやすいシーズンが決まっているとともに，発生後は気象庁の発表する予報円で，少なくとも上陸の数日前にはそのおおまかな進路を把握することはできるため，進行型寄りのインシデントである。

下の図にまとめたものはあくまで目安であり，確定的なものではない。たと

えば，例外的な事象として，遠く離れた場所で起きた地震に起因する「遠地津波」は到達までに1日かかるようなケースもあるため，この図にある「津波」よりも進行型に近いインシデントである。また，紛争などはその発生態様によって突発的なものから進行型に属するものまでかなり幅があると考えられる。それでもこのように整理する意味があるのは，突発型インシデントと進行型インシデントではその対処が全く変わってくるからだ。

　進行型インシデントは時間をかけて変化していく状況に応じて対策を講じる時間的余裕があるため，有効なアクションを打つことができれば，被害を抑止・軽減することが可能である。一方，突発型インシデントについては全般的な準備（耐震補強工事を行うことや警戒レベルを上げることなど）を行うことしかできないため，事前に特定のインシデントに対する対策を打つことはできず，インシデント発生後の状況の早期把握と復旧のアクションが大切となる。

# 第2章

# 風水害

## 損害額最大の災害である風水害

ここからは各種のサプライチェーンを脅かすリスクを見ていくこととする。

米国の保険会社 Aon が発行した報告書「2023 Weather, Climate and Catastrophe Insight」によると，2022 年の世界の自然災害損害額 3,140 億ドルのうち，台風・ハリケーン・サイクロンなどの熱帯低気圧によるものが 1,090 億ドル，洪水が 660 億ドル，暴風雨が 58 億ドルとなっており，風水害の合計が 2,330 億ドルで実に全体の 74%を占めている（その他は干ばつが 17%，地震が 4%，雪害が 3%，山火事が 1%）。自然災害のなかでも，人類にとって風水害が最も深刻な脅威であることが明白だ。

風水害が発生することによって，サプライチェーンは大きな影響を受ける。製造事業所の浸水・冠水や水道管破裂による工業用水の断水などによって操業停止を余儀なくされたり，道路の損壊で物流が止まったり，従業員の通勤も難しくなってしまう。ごく近年，日本では頻繁にサプライチェーンの混乱・途絶につながる風水害が発生している。

## サプライチェーンに影響を与え最近の主な風水害

| | |
|---|---|
| 令和5年6月～8月 集中豪雨 | 西日本を中心としつつ、全国で記録を塗り替えるような豪雨が発生した |
| 令和4年9月 台風15号 | 多くの地点で観測史上1位の降雨量を記録し、静岡県を中心に大きな被害が出た |
| 令和4年8月 集中豪雨 | 山形県、新潟県の各地で土砂災害や河川の氾濫が発生した |
| 令和3年7月 伊豆山土砂災害 | 大雨に続いて静岡県熱海市伊豆山地区で発生した大規模な土砂災害で、28名が死亡、建物136棟が被害を受けた |
| 令和2年7月 集中豪雨 | 7件の大雨特別警報が発せられ、球磨川、筑後川、飛騨川、江の川、最上川といった大河川で氾濫が相次いだ |
| 令和元年10月 台風第19・21号 | 相次いで発生した2つの台風によって広い範囲で大雨、暴風、高波、高潮の被害が出た |
| 平成30年9月 台風21号 | 25年ぶりに「非常に強い」勢力で日本に上陸し、近畿地方を中心として甚大な被害を及ぼした |
| 平成30年7月 豪雨 | 西日本を中心に北海道や中部地方を含む全国的に広い範囲で大雨となり、河川の氾濫や浸水害、土砂災害が発生し、死者数が200人を超えた |

　たとえば平成30年（2018年）に西日本で発生した豪雨（通称：西日本豪雨）では、各地で記録的な量の雨が降り、多くの企業の工場で大規模な被害が発生するとともに、中小零細企業の中にはこの影響で倒産に追い込まれたところも多くあった。これは世界の生産の約6割を広島県と山口県で行っている自動車メーカーのマツダにも大きな影響を与えることとなった。工場は設備面でのダメージはなかったものの、交通網が麻痺したことで従業員が出勤できなかったことと、部品供給の物流が滞ったことで、広島県広島市の本社工場と山口県防府市の防府工場がともに操業停止に追い込まれ、5日後には部分復旧したものの、全面的な操業再開までには約3カ月もの期間を要することとなった。車両で4万4,000台、海外生産用部品で2万3,000台分の影響があり、生産台数を減らしたことによる損失額は約280億円にのぼった。広島には、デルタ工業、

キーレックス，ワイテック，東洋シートなどマツダに部品を納入するサプライヤーが多数集積しており，サプライチェーンのエコシステムが災害の直撃を受けた形だ。

　また，パナソニックは，業務用の放送機器を製造する工場を岡山市に持つが，近くを流れる砂川が氾濫して1階の床上まで浸水。工業用の高圧電源が故障して停電が発生し，交通規制の影響で当初は被害状況の確認もままならない状況であった。その他にもダイハツ工業，三菱重工業，IHIなどが生産活動を一時停止した。JR山陽本線が不通となって貨物鉄道の運行が停止したことや山陽自動車道の通行止めが物流を滞らせ，佐川急便，福山通運，ヤマト運輸などの宅配便サービスも荷受け停止や遅配せざるを得ない状況に追い込まれ，また，コンビニやレストランチェーンの休業も目立った。実に広くサプライチェーンに影響が出たケースとなる。

## タイの洪水

　2011年，タイではモンスーン期の7月から大雨が降り続け，10月にはチャオプラヤー川流域の約600万ヘクタールの土地が冠水してしまうほどの大洪水に発展した。5月から10月の総雨量は平年の1.4倍以上で，統計的には50年に一度の降雨量となった。チャオプラヤー川の下流部は広大な低平地となっており，バンコクと約100km上流にあるアユタヤの標高差はわずかに2m。急峻な川の多い日本とは大違いである。そのため，下流においては海に到達する前の流下能力が非常に低く，さらにバンコク近くの土地は都市化に伴って保水能力が著しく低下していたことが大洪水の発生につながってしまった。また，乾季の分の農業用水を賄うためにダムに十分な貯水をしておく必要があるため，流量調整のための放水をするタイミングを逸してしまったことも被害の拡大に拍車をかけた。

タイには当時約3,000社の日本企業が進出しており，世界の製造業にとっても重要な生産集積地の1つとなっていたところ，この洪水によって7つの主要な工業団地で最大3mの浸水が発生し，約1,000の工場が生産停止に追い込まれる事態となった。日系企業が多数入居する工業団地は，もともと洪水のリスクが高いバンコク市北方のチャオプラヤー川の狭隘部近くに集中していたことが災いとなった。製造業生産指数は，10月が前年同月比で▲30%，11月が同▲49%と大幅な落ち込みを見せた。有名な日本企業ではニコン，トヨタ，ホンダ，日産，ソニー，東レ，クボタなどで多くの被害が報告され，約400社以上が被害を被ったとみられる。乾季に入った11月半ばから排水作業が始まり，すべての作業が完了したのは12月半ばごろであった。

浸水が発生した工業団地は電子機器製造の集積地であったため，グローバルなサプライチェーンに大きな影響が生じ，その脆弱性があらわとなった。従来，発展途上国・中進国において製造される品目は汎用品が中心であったが，タイでの製造活動が技術移転などによって高度化していたこと，そして部品メーカーの進出によって製造拠点の集積が進んでいたことが影響の拡大と復旧の困難さに結びついたと考えられる。特に，モノリシックICとトランジスタの2品目については，11月にタイでの生産数が▲100%，つまり全減してしまっており，こうした特定電子部品が浸水被害にあった工業団地のみで生産されていたことが推測される。

この水害によって，さまざまな製品の生産水準が大きく落ち込んだが，なかでも大きな影響を受けたのはハードディスクドライブ（HDD）であり，それはさらに川下のパーソナルコンピュータ，サーバ・ストレージ，録画再生機の生産にも波及することとなった。タイでは，HDD業界の二大巨頭であるウェスタン・デジタルとシーゲートの他，日立グローバルストレージテクノロジーズや東芝ストレージデバイスも工場を構える。

このうち，タイで全生産量の6割を製造していたウェスタン・デジタルと，

同じく4割を製造していた東芝ストレージデバイスの工場は直接的に浸水被害を受けた。また，HDD は磁気ディスク，ヘッド，ボイスコイルモータ，スピンドルモータといった部品によって構成され，それら部品はガラス基板，アルミ基板，ネオジム磁石といった素材から作られている。そのうち，たとえばネオジム磁石を製造する TDK や大同特殊鋼は工場内に浸水被害を受けたり，ボイスコイルモータを製造する日立金属，スピンドルモータを製造する日本電産(現在ニデック) やミネベアの工場でも浸水が発生したりするなどし，それら部材の生産が滞ったことも影響を拡大させた。

　HDD が大きく影響を受けた背景には，①HDD 業界で寡占化が進展していたこと，②タイに HDD の製造拠点が集中していたこと，③HDD の製造を支える部材のサプライヤーがタイに集積していたこと，の3点が挙げられ，これらの要素が HDD のサプライチェーンの脆弱性を高めてしまっていたということができる。そしてこの洪水は，世界中に張り巡らせたサプライチェーンを災害リスクからいかに守るかという製造業界の課題を浮き彫りにした。

　タイ以外でも近年世界中で洪水が多発している。パキスタンでは 2022 年に国土の1／3が冠水する事態となり，世界の工場たる中国でも毎年のように洪水が発生。2021 年には欧州のドイツやベルギーを中心に記録的な豪雨が発生し，物流が阻害されるなど，その例は枚挙にいとまがない。気候変動によってこれまで雨があまり降らなかった場所が豪雨に見舞われるようになったり，台風の進路が変化したりといったことも考えられ，グローバルなサプライチェーンにとって洪水の被害は起こるものとして想定しておく必要がある。


## 熱帯低気圧

　台風・ハリケーン・サイクロンは，発生する海域によって呼び名が変わるが，

いずれも熱帯低気圧が発達したものである。それぞれ基準は異なるが，台風の場合，中心付近の最大風速が秒速17mに達することで「台風」と呼ばれることになる。熱帯低気圧は，強い風と雨をもたらすとともに，洪水，風害，高波，高潮，土砂災害などさまざまな災害につながっていく。

　台風では短時間で多量の雨が降ることによって，河川水位の急激な上昇を引き起こし，堤防が決壊して氾濫に至ることがある。また，都市部では下水道などの排水能力が追いつかないことで建物の浸水や道路の冠水が起こる「内水氾濫」と呼ばれるタイプの氾濫も発生する。そして強い風が発生して建物を損壊させたり，交通障害を引き起こしたりしてしまう。

　高波はそうした強い風によって波高が高くなる現象だが，風に加えて台風の低気圧による吸い上げ効果が起こると，海面の高さが異常に高くなる高潮が発生し，海水が一気に堤防などを越えて破壊的な被害を及ぼすこともある。さらに，大雨は時間差で崖崩れや土石流といった土砂災害を誘発する。まさにあらゆる災害を引き起こす現象であるといえよう。

　近年，台風がサプライチェーンに影響を与えた例を見てみると，前述の西日本豪雨と同じ2018年に発生した台風21号がある。台風21号は，25年ぶりに「非常に強い」（中心付近の最大風速が秒速44m以上秒速54mm未満）勢力のまま9月4日に徳島県南部に上陸後，四国・近畿・北陸を縦断した。和歌山市では観測史上1位の57.4m/sの最大瞬間風速を記録し，大阪市で観測した瞬間風速47.4m/sは半世紀ぶりとなる強い風であった。また，大阪湾と紀伊水道の沿岸では記録的な高潮が発生し，6地点でそれまでの観測史上最高潮位を超えるなど猛威をふるった。

　トヨタ自動車やダイハツ工業が工場の稼働を取りやめたほか，インフラにも大きな影響が出て，強風による電柱の倒壊や電線の損壊などによって関西電力管内では約224万7,000戸で停電が発生。中部電力，北陸電力，北海道電力管

内でも停電が発生した。交通については，高速道路の通行止めや鉄道の運転見合わせはもちろんのこと，関西国際空港（関空）の閉鎖が企業にダメージをもたらした。関空の滑走路や誘導路が冠水してしまうとともに，ロビーやフロアも雨漏りと停電で使えなくなったうえ，空港と対岸を結ぶ連絡橋である関空連絡橋に強風で煽られたタンカーが衝突し，一時孤立状態に陥ってしまった。空港の閉鎖と橋の通行禁止によって，航空貨物の状況の確認すらできなくなり，関空からの出荷を予定していた企業は，他の空港に出荷を振り替えるために多大な工数と費用を要することとなった。

　関空の 2018 年 9 月における貨物取扱量は対前年同月比で 80% 減少している一方で，中部空港が 30% 増，成田空港が 7 % 増，羽田空港が 5 % 増，となり，それらの空港に緊急対応として輸送が振り替えられたことがうかがえる。たとえばローム株式会社は，国内で製造した IC チップを海外の工場に出荷して最終仕上げを行っているが，空輸の 5 割以上を関西国際空港に頼っていたため，他空港への振替を余儀なくされたとされている。また，スマートフォン向けの電子部品を関空から出荷していた株式会社村田製作所や，アメリカの自社工場向けにパーツを出荷していた農機具大手の株式会社クボタなども同様の緊急対応を強いられることとなった。

　海運ルートでは，大阪港や神戸港における高潮被害が甚大であった。コンテナの転倒・流失が発生，積み荷だった木材などが散乱し，また変電所の電気系統が故障したり，ガントリークレーンが浸水によって稼働できなったりするなど，港の機能が麻痺して復旧に時間を要した。周囲の道路の冠水することで，交通インフラも途絶してしまった。自社やサプライヤーの工場だけではなく，サプライチェーンにおける流通のハブである空港や港が機能不全に陥ってしまった例だといえる。

　また，2019 年の台風 19 号もサプライチェーンに大きな影響を与えた事例だ。東日本を中心に記録的な大雨をもたらした台風 19 号は，気象庁が 13 都県に大

雨特別警報を出すほど広範囲に大雨と暴風をもたらし，特に静岡県，新潟県，関東甲信越地方，東北地方などで大きな被害が生じた。台風としては実に40年ぶりに100名を超える死者を出したケースとなる。

　台風19号が接近および上陸した10月12日から13日にかけての降水量は，東京都西多摩郡，埼玉県秩父市，宮城県丸森町などでは何と年間降水量の40%を超えるものであった。河川単位で見ると千曲川，久慈川，阿武隈川，利根川などではハザードマップで想定している計画規模降雨（10〜200年に1回程度の割合で発生する降雨量）以上，またはそれに匹敵する大雨をもたらし，結果として各地の河川の140箇所で堤防が決壊した。国管理河川だけでも約25,000ヘクタールの浸水が発生し，続いて土石流・がけ崩れ・地すべりといった土砂災害が962件も発生した。

　サプライチェーンの観点では，交通インフラが麻痺するとともに，福島県郡山市の郡山中央工業団地，長野県長野市の北部工業団地，栃木県足利市の毛野東部工業団地など複数の工業団地が浸水被害にあった。なかでも，氾濫した阿武隈川とその支流の谷田川にはさまれた地点にある郡山中央工業団地は，日立製作所やパナソニック，アンリツ，クラリオンの関連会社などが拠点を構えているが，2m前後もの冠水が発生し，工場や物流拠点が水に浸かって500億円を超える多大な損害が発生することとなった。そして，自社の施設には被害がないものの，サプライヤーが稼働できているのか，納期の遅れはないかなどの確認に追われることとなった企業は数えきれない。

　海外に目を向けると，台風は台湾や中国といった製造拠点の多い国にも上陸し，毎年大きな影響を及ぼしている。また，米国では2005年に南東部に甚大な被害をもたらした「カトリーナ」を筆頭に，巨大なハリケーンが南部から東部を蹂躙することが多い。2021年のハリケーン「アイダ」は，米国史上5番目の勢力でルイジアナ州ニューオーリンズ南部に上陸，そのまま東部を北上し，

第2章 風水害　65

ニューヨークにも大きな被害をもたらすとともに，サプライチェーンという点では化学品の製造・供給に甚大な影響を与えることとなった。石油化学産業の集積地となっているルイジアナ州は，停電や洪水の影響が長引いて生産活動が停滞，また物流に欠かせないミシシッピ川も封鎖が続くこととなった。

## 竜巻・トルネード

　竜巻とは，発達した積乱雲による強い上昇気流によって生じる空気の渦巻きである。台風や寒冷前線，低気圧などに伴って，積乱雲が発達しやすい条件が整うと発生しやすくなり，特に沿岸部で多く発生する。日本における1年あたりの発生数は約25と，被害に会う確率は非常に低いと言っていいが，ひとたび発生すると狭い範囲に集中して大きな被害が生じうる。2017年8月10日，台風5号が近づく愛知県豊橋市において竜巻が発生，屋根瓦が飛ばされたり，フェンスやブロックが倒壊したりするなど，家屋の全壊2軒・半壊10軒・一部損壊42棟といった被害が出た。また，走行中のトラックが横転したり，コンテナが舞い上がったりするなど，自然の驚異を見せつける結果となった。豊橋市は竜巻の発生条件が揃いやすい土地柄であり，気象庁のデータベースによると10年に一度の割合で発生している。

　また，竜巻のうち「主に北米ロッキー山脈以東の陸上で発生したもの」をトルネードと呼ぶ。米国では巨大なトルネードがたびたび大きな損害を及ぼしており，たとえば2021年12月10日から11日にかけて，南部ケンタッキー州や中西部イリノイ州など6つの州で30以上のトルネードが次々と発生し，100名以上の死者が出るなど，日本では考えられないほどの壊滅的な被害が生じた。サプライチェーンへの影響については，イリノイ州にあるアマゾンの物流倉庫が直撃を受けて建屋の約1／3が倒壊し，従業員6名が死亡した。また，テネシー州にある物流大手フェデックスの物流センターにも被害が生じるなど，コ

ロナ禍の混乱が残り，かつクリスマス商戦に向けて繁忙期にあった物流に大きな遅れと混乱を生じさせた。

　米国では「トルネード・アレイ（Tornado Alley）」と呼ばれる，ロッキー山脈の東側に広がる平野の部分が竜巻の発生多発地帯である。竜巻が発生しやすい地形は，障害物の少ない平野部や，暖かく湿った空気が流入しやすい沿岸部である。他に世界で竜巻が発生しやすいエリアは，欧州全般，南アフリカ，インド北部，中国沿岸部，フィリピン，オーストラリアやニュージーランドの沿岸部，ブラジル最南部などである。

＊　　　＊　　　＊

　以上見てきたように，風水害は頻繁に発生し，また広範囲に影響を与えることから，自然災害のなかでもサプライチェーンにとっての最大の脅威といっていいだろう。しかし，前もってその予兆をとらえたり，災害発生の予測をしたりすることができる「進行型」のインシデントであることから，適切な対策や準備をすることでその被害の予防・低減が可能なリスク事象だということができる。具体的な対策や予測については後述する。

　また，厄介なことは，地球温暖化による気候変動によって，これら風水害の多発化・激甚化が予想されていることだ。大雨や短時間に降る強い雨の頻度はさらに増加していくとともに，気象庁の研究によると，海水温の上昇によって台風が大型化する可能性が示唆されている。この点からも，風水害はサプライチェーンの強靱化を考えるうえで避けることのできないリスク事象であるといえよう。

# 第**3**章

# その他気候関連の災害

## 熱波・干ばつ

世界中で記録的な猛暑や熱波の発生が増加している。

特に 2020 年以降は各地が異常な高温に見舞われており，イギリスで観測史上初めて 40℃を超える気温を記録したことを筆頭に，西欧ではポルトガル，イタリア，スペインなどで観測史上最高の気温を次々と更新した。また，シベリアでは北極圏域にもかかわらず，38℃の高温を記録し，永久凍土の融解が進んだ。中国でも毎年連続して記録的猛暑に見舞われ，2022 年・2023 年と連続して数多くの都市で過去最高の気温を記録している。

これら異常な高温による人間社会への影響は多岐にわたる。熱波は干ばつを引き起こすことで，農業生産が大きなダメージを受けて食糧不足を引き起こすことになる。また，ダムの水源である河川の水位が下がれば，水力発電の発電量が落ちることにもつながっていく。熱中症などの健康被害が増加することや，乾燥によって火災が増加することも考えられる。

サプライチェーンへの直接的な影響としては，交通インフラの破損という形であらわれている。熱で高速道路が割れてしまったり，電車の架線や電源ケーブルが溶けてしまったりすることで輸送がストップしてしまうのである。また，実際に 2022 年には，欧州を襲った熱波の影響で，域内の重要な水運路である河川の水位が大幅に低下してしまった。ドナウ川では貨物船の往来を維持するために浚渫作業を余儀なくされ，ライン川の主要航路でも，水位が下がったことによって貨物船が一度に積める積載量が極端に少なくなり（重いと船底が川床についてしまう），輸送事業の採算が大きく悪化した。ウクライナ情勢によるエネルギー価格の高騰が続くなかで石炭の輸送需要が急拡大し，またウクライナからの穀物の輸出が再開されるなどの地政学的な要因が重なって，欧州の域内物流は大きな混乱に見舞われることとなった。

製造事業所が集積する中国も大きな影響を受けている。2022 年の夏に猛暑に襲われた南西部の四川省では，電力の大半を水力発電に依存しているが，干ばつの影響で発電量が足りずに多くの工場が電力供給を受けられなくなり，当局がすべての工場に 6 日間の操業停止を命じる事態となった。四川省には多くの重要企業が集まっており，半導体関連としてはテキサス・インスツルメンツ，インテル，オン・セミコンダクターが製造拠点を有している。また，アップル製品やそれに関連する半導体部品を生産する，世界最大の受託製造企業フォックスコンも工場を構える。また，四川省はソーラーパネルの一大製造拠点でもあり，リチウムの主要供給地でもある。工場の操業停止によってエレクトロニクス業界，自動車業界，他には肥料・化学業界などのサプライチェーンも大きな影響を受けた。

また，猛暑による人間社会への悪影響として，生産性の低下も見逃せない側面だ。2019 年に国際労働機関（ILO）が発表した報告書「Working on a warmer planet」によれば，猛暑によって 2030 年までに主に低所得から中所得の国で総労働時間が 2.2% 減少し（これは 8,000 万人分のフルタイム雇用に相当する），

経済損失は全世界で2兆4,000億ドルに及ぶとされている。このこともサプライチェーンに影響を与える可能性がある。

さらにいうと，気温の上昇によって氷河が融解し，洪水が引き起こされる可能性が増加すると考えられている。実際に，近年インドやパキスタンの北部では，氷河が崩れたことが発端と考えられる洪水が多数発生している。英国ニューカッスル大学が2023年に発表した調査では，インド・パキスタン・中国・ペルーを中心に世界で推定1,500万人にものぼる人々が洪水リスクにさらされていると指摘している。

## 山火事

山火事や林野火災も猛暑によって誘発される災害だ。

2021年の6月，札幌より北の北緯50度に位置するカナダ・ブリティッシュコロンビア州のリットンという村で気温49.5℃というカナダにおける史上最高気温を記録し，その翌日には大規模な山火事が発生した。急速に広がったこの火事で村の90％に及ぶ地域が焼失し，リットンとその周辺地域に住む約1,000人が避難を余儀なくされた。気温が高くなると土壌の水分が蒸発して地表が乾燥し，枯れ葉などの摩擦で火が起こりやすくなったり，火の回りが早くなったりしてしまう。

近年，世界中で山火事が増加の一途を辿っている。オーストラリアでは乾燥と熱波に見舞われた2019年から2020年にかけて非常に大規模な山火事が発生。約10万平方キロメートル（1,000万ヘクタール）という広大な土地を焼き，約3,000の建物やビルに被害が出た。2023年にはカナダ全土で記録的な数の山火事が発生し，1,800万ヘクタール超という途方もない面積が焼失している。

それ以外にも 2019 年に多発したアマゾン熱帯雨林における山火事や，スペイン，ポルトガル，キプロス，トルコといった国々でも史上最悪といわれる規模の山火事が近年起きている。世界気象機関（WMO）は，異例の高温乾燥状態に陥っていることと森林火災の多発を関連付けて報告しており，今後も気候変動の影響によって大規模化・長期化する懸念がつきまとう。

　山火事の好発地帯であるのが，日本企業も多く活動拠点を持つアメリカ西海岸だ。特にカリフォルニア州では，春から秋にかけて非常に乾燥し，風も強く，気温も高くなることから毎年大規模な火災に苦しめられている。アメリカ大盆地に発生した高気圧から吹き出した風が，シエラネバダ山を越え，フェーン現象を起こし，高温となって吹き降りる「ディアブロ・ウィンド」と呼ばれる強風が火災の発生や延焼に拍車をかけている。

　また，過去 100 年でカリフォルニア州の夏の気温は 1.4 度上昇したとされ，それが 21 世紀に入ってから大規模な火災が多発している要因と見られている。そしていわゆる「山火事シーズン」も長期化しており，こうした山火事が住宅地や企業の施設のあるエリアにまで燃え広がることは珍しくない。また，強風による山火事を未然に防止するため計画停電の措置が取られることもあり，これもサプライチェーンへ影響を与えるリスク事象だといえる。

## 寒波・雪害・雹

　熱波とは反対に寒波も，毎年のように世界でニュースとなって報じられている。熱波が地球温暖化による気候変動の影響であることは感覚的にも理解ができるが，それはけっして暖かい日が増加し，逆に寒い日が減少することを意味するものではない。地球全体を対象にして気象現象をシミュレーションする研究が進み，寒波も地球温暖化に関連があることが分かってきている。温暖化によって北極海にできた温かいスポットが北極上空に高気圧を生み出し，それが

北極の寒気を外に押し出すことが寒波発生のメカニズムであるとするのが仮説のひとつだ。さらに温暖化によって海面水温が上昇することで「大気が取り込める水蒸気量」が増加し，それと寒波が組み合わさることで大雪が降ることになる。

　実際に日本の近年の降雪の仕方を分析した国土交通省の資料によると，降雪日数が減少する一方，日あたり降雪量が増加する傾向が見られる。冬を通して継続的に降る雪であれば問題ないところが，局地的にまとめて降る「ドカ雪」がサプライチェーンを阻害することとなる。


　一般的に雪害といった場合，除雪中の事故や雪崩などが考えられるが，企業活動に最も大きな影響を与えるのは物流や交通機関の乱れである。必要なモノを運べない，また人の移動ができないことによってサプライチェーンは機能しなくなる。毎年のように発生するのが，多くの自動車が動けなくなってしまう「立ち往生」だ。これが幹線道路や高速道路で発生すると，物流が止まってしまうとともに，車の中に長時間閉じ込められてしまった人の命にも危険が及ぶこととなる。

　たとえば 2021 年 1 月には，寒波の影響で北陸，九州地方などの日本海側を中心に大雪が降り，福井県の北陸自動車道及びそれに並行して走る国道 8 号において，約 1,600 台が立ち往生して物流が麻痺した。このエリアは，南北に北陸自動車道と太い国道が走り，東に名古屋方面，南に大阪方面へいくことができる交通の要衝といえ，立ち往生発生の影響が非常に大きい。この時は災害救助法の適用となって自衛隊が出動する事態となった。また，2023 年 1 月には，降雪による物流の乱れが原因で，トヨタ自動車の国内の全 14 工場 28 ラインが 1 月 25 日夕方から翌日にかけて稼働停止に追い込まれてしまった。


　雪の多い国というとロシアやカナダ，北欧諸国を思い浮かべるかもしれない。しかし実は世界一の積雪や降雪は日本で記録されている。米国の気象情報企業 Accuweather が 2016 年に発信した記事によると，年間積雪量ベスト 3 は日本

が独占しており，1位が青森市，2位が札幌市，3位が富山市となっている。日本では，平均積雪が50センチ以上ある日が100日以上あって，産業の発展が停滞する可能性があるとして法律に基づき指定された地帯を「豪雪地帯」と呼び，政府も特別な対策を講じているが，そのエリアは実に日本の国土の半分以上に及び，約2,000万人が居住している。日本は地震が多い，台風が多いということとともに，世界で稀有なほど雪の多い国であることがいえる。

　海外において寒波によってサプライチェーンが阻害された例として，2021年2月中旬に米国を襲った猛烈な寒波がある。この寒波は北極から流れてきた強烈なもので，2月の平均最低気温が摂氏10度前後であるテキサス州ヒューストンにおいて，16日火曜に摂氏マイナス10度という1895年以来の異常低温となった。気象衛星が陸地を雲（通常陸地より温度が低い）と誤認識するほど記録的なものであった。

　この寒波の影響によって発電所施設の稼働が止まる一方，暖房需要が急増したことによって，電力供給が滞ってしまった。当局による計画的な停電が実施されたほか，テキサス州全体で380万軒以上の大規模な停電が発生した。これにより，ポリアミドと呼ばれる樹脂，自動車部品やエアバッグなどに使うナイロン66などを生産する工場が軒並み生産停止に追い込まれてしまった。また，大規模停電の起こったテキサス州には，NXPセミコンダクターズ（オランダ），サムスン電子（韓国），インフィニオン・テクノロジーズ（ドイツ）といった半導体メーカーが工場を構えており，その稼働の停止がコロナ禍で深刻化した半導体不足に拍車をかけた。このような製品の供給停滞は，特に自動車の完成車のサプライチェーンに影響を与えることとなった。自動車生産のエコシステムは米国南部からメキシコ北部にかけて構築されているが，メキシコは発電燃料の大部分を主に米国から天然ガスを輸入して賄っており，寒波でテキサス州からメキシコへの天然ガス供給が滞ったことで，国境をまたいだメキシコの工場にも影響が及んだのだ。

また，雹（ひょう）による被害も考えられる。2022 年の 5 月・6 月に関東地方でゴルフボール大の雹が降ったことで，千葉県・群馬県・埼玉県などで農作物に大きな被害があり，野菜や果物などが傷ついてしまい市場に出荷することができなくなった。海外では，さらに大きい塊が降る雹がしばしば発生しており，家畜に被害が生じたり，家屋や自動車が深刻な被害を受けたりするケースもある。2022 年 8 月には記録的な高温が続いていたスペインのカタルーニャ地方で一転，直系 10cm を超える巨大な雹が降り，頭に直撃を受けた女児が死亡するという事故も発生している。

# 第**4**章

# 地震・津波・火山噴火

## 地震

地震は，地球表面を覆うプレートの運動を原因として発生する。海のプレートが陸のプレートに沈み込んでいき，海溝やトラフ（海溝よりは浅い海底のくぼみ）付近で蓄積されたひずみが解消される際に起こる「海溝型地震」と，陸側のプレート内部でひずみが解消された時に発生する「活断層型地震」に大きく分類される。日本列島は，海と陸の4枚のプレートの境界に位置することから，世界のマグニチュード 6.0 以上の地震の約2割が起こっており，日本は世界でも有数の地震の多い国となっている。

地震の予知は可能だろうか。これまで多くの研究機関や大学，企業が取り組み，現在も地震の前兆現象である地表の異常変動をとらえたり，地震に伴う電磁波現象に着目して観測したりするなど，さまざまなアプローチで不断の努力は続いている。しかし現時点で，地震予知をすること，すなわち「地震の場所や規模を事前に科学的に予測すること」は非常に困難であると考えられている。つまり，地震は予測困難な突発型で，地理的な影響範囲も広いインシデントであり，事業の復旧に時間がかかる可能性が高い厄介な災害だということができ

る。

　地震による影響は多岐に渡り，地震の揺れそのものによる建物などの倒壊・損壊，それに伴って火災，土砂崩れ，液状化現象などが発生する。さらにインフラやライフラインも影響を受け，電話やインターネットの不通，鉄道や道路の寸断，電気・ガス・水道が利用できなくなるなどの被害が生じる。都市部で昼に発生した場合には，大量の帰宅困難者が出ることも予想され，安全を確認せずに徒歩での帰宅を強行することで，建物のさらなる倒壊によって二次被害が出たり，救助活動の妨げになったりする事態も考えられる。これらはすべてサプライチェーンに影響を与えうる事象だといえるだろう。

　当然，日本に限らず，世界でもプレートの境目を中心に地震が発生する。記憶に新しい，2023年にトルコで発生した地震では5万人以上が犠牲となった。また，国そのものを荒廃に導いた2010年のハイチ地震，8万7,000人が亡くなった2008年の中国・四川省での地震，マグニチュード9.1を記録し，津波も含めて22万人が犠牲となった2004年のスマトラ沖地震など枚挙に暇がない。しかし，多発する地域はある程度決まっているため，リスクを予見することは可能ではある。

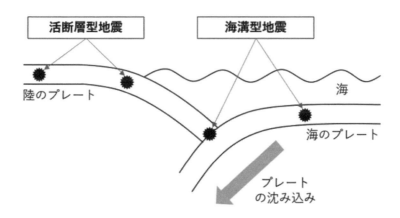

## 大地震の教訓

　日本における防災の歴史は，大地震が突きつける課題を克服することで発展してきた。

　1923 年の関東大震災では，地震そのものや津波による被害もさることながら，炎を巻き込んだ竜巻状の空気の渦が発生して被害をもたらす火災旋風が，急速かつ広範囲の火災延焼を引き起こし，10 万人以上が犠牲となった。しかし，ここでの教訓をもとに火災に強い都市計画が導入されたり，倒壊した建物の調査をもとに今の建築基準法につながる耐震基準が設けられたりと，日本の防災対策の礎が築かれることとなった。1995 年の阪神・淡路大震災では，直下型の強い揺れによって多数の建物が倒壊，死者の大部分が圧迫死によるものだった。

　また，倒壊した建物は，主として 1981 年に改正された当時最新の建築基準を満たしていない建物だったことから，建物の耐震性に大きな差があることが判明。これが 2000 年の建築基準法の改正につながった。また，官邸への情報集約をはじめとして，国全体の情報連絡が遅れを取り，初動体制の構築に時間がかかったことから，災害時の情報収集・状況の把握の重要性もクローズアップされた。

　サプライチェーンの途絶に注目が集まったのが 2007 年に発生した新潟中越沖地震である。この地震では自動車部品メーカー・リケンの柏崎工場が被災し，ピストンリングやシール材の供給がストップした。生産に高精度な技術が必要な部品であることからリケンに 1 社依存する構造となっており，トヨタ自動車，日産自動車などの大手完成車メーカーの生産ラインが停止の憂き目にあった。

　また，自動車やバイクに使われるメーターを製造していた日本精機や，AV 機器向け LSI を製造していた新潟三洋電子といった部品メーカーなどにも大きな被害が生じ，サプライチェーン全体にインパクトを与えるとともに，大きな経

済損失につながってしまった。自社の被災が経済に多大な影響を与えることを考慮し，これを契機として，BCP（事業継続計画）・BCM（事業継続マネジメント）の重要性に注目が集まることとなった。

　サプライチェーンの脆弱性にさらにスポットライトが当たることとなったのが，2011年3月に発生した東日本大震災である。東日本大震災は，震度7の非常に強い揺れとともに，東北地方から関東地方にかけての太平洋沿岸を巨大な津波が襲い，さらに原発が損壊して放射性物質が外部へ放出される産業事故も重なった，まさに未曽有の複合災害であった。これにより日本及び世界のサプライチェーンには甚大な影響が及び，高い生産効率と品質を誇る日本国内における集中生産が，震災リスクに対してきわめて脆弱であることが浮き彫りとなった。

　その影響は，2007年新潟中越沖地震を大幅に上回ったが，その大きな要因は，地震や津波によって被災したエリアがきわめて広域であったために，自社だけでなく多階層にわたるサプライヤーの製造拠点や物流拠点などが被災したこと，道路や鉄道が軒並み損害を受けたために輸送ネットワークが完全に断絶してしまったこと，放射能による影響を恐れた外国人労働者が帰国してしまったことで人員の確保が難しくなったことなどが，連鎖的かつ複合的に重なり合ったことだということができる。また，メーカーにとって高付加価値・高機能な部材は，技術流出のおそれから国内に製造拠点を置くことが一般的であるが，東北はそうしたメーカーが集まって複合的な生産体制を敷いているエリアであり，いわば替えの効かない（代替品確保が難しい）部品のメイン工場が被災したことが産業全体への影響をさらに増幅させた面もある。

　その後，2016年4月には2度に渡って震度7を記録する熊本地震が発生した。東日本大震災を教訓に企業はサプライチェーンの強化に取り組み，サプライヤーの把握，生産場所の二重化，調達のマルチソース化などに取り組んできていたものの，やはりサプライチェーンには大きな混乱が生じた。トヨタグル

ープでは，部品メーカーのアイシン九州が被災して工場が使用不可能となり，重要部品の金型がここにしかないことから代替品調達も難しく，完成車工場は段階的に稼働停止に追い込まれた。

　また，多くの製品の生産に不可欠な半導体業界も大きな影響を受けた。ルネサスセミコンダクタマニュファクチュアリング，ソニーセミコンダクタマニュファクチャリング，三菱電機パワーデバイス製作所といった企業の工場が被災したことで車載用半導体を含む多くの半導体部品の出荷が滞ってしまったのである。トヨタ自動車は東日本大震災を教訓に，代替調達が難しい専用部品を，汎用品に代える設計見直しなどを進めていた。また，熊本地震の際にも，アイシンへの手厚い支援によって復旧活動を力強く推進した。しかしそれでもなお，こうした大地震の際にサプライチェーンを無事に守ることは叶わなかったわけである。サプライチェーンをリスクから守る活動には終わりがなく，課題をつぶしながら漸進していくしかないことを思い知らされる。


　そして2018年には北海道胆振沖地震が発生した。この地震では，震度7を記録して建物の倒壊，土砂崩れなどが大規模に発生したこと以上に，日本初の大手電力会社の管轄エリア全域における大規模停電，いわゆる「ブラックアウト」が発生したことが特徴である。このブラックアウトで最大295万戸が約11時間の長きにわたり停電し，99％が回復するまでに50時間を要することとなった。これにより北海道の基幹産業である酪農の分野では，生乳を廃棄せざるを得ない事態となり，乳製品が全国で品薄になるなどの影響が出た。地震がライフラインに影響を及ぼす怖さを実感させられるケースだったといえるだろう。


## 津波

　津波はほとんどのケースで，地震を原因として発生する（他には火山噴火や，山体や氷河の崩壊が原因というケースもある）。海底の地下浅い箇所で地震が

発生すると，海底が持ち上げられたり，沈み込んだりするが，この急激な海底の変形によって海面が変動し，それが波となって押し寄せるものが津波である。地震の発生から津波の到達までどれくらいの時間がかかるかは，当然震源がどれだけ離れているかに依存し，早ければ数分後には到達することもあれば，遠くで起きた地震では20時間以上たってから到達することもある。

　いずれにしても，完全に突発型のインシデントである地震そのものと比べると，津波では避難をするための時間的猶予が（短時間であっても）あるといえる。極端なケースでは，震央が本州・四国・九州・北海道の沿岸から約600km以遠の地震に伴う津波と定義される「遠地津波」という現象があり，たとえば1960年に発生したチリ地震津波では，津波が震源から18,000kmの距離を約1日かけて伝わり，太平洋沿岸の広い地域に被害をもたらした。ちなみに日本における最も大きな津波は，東日本大震災の際に，岩手県大船渡市の綾里湾で局所的に記録された，40.1mの遡上高（内陸へ津波がかけ上がった高さ）の津波である。

## 近年発生した大規模地震と被害

| | マグニチュード | 死者行方不明者 | 負傷者 |
|---|---|---|---|
| 1995年1月 阪神・淡路大震災 | M7.3 | 6,434 | 43,792 |
| 2007年7月 新潟県中越沖地震 | M6.8 | 15 | 2,346 |
| 2011年3月 東日本大震災 | M9.0 | 19,729 | 6,233 |
| 2016年4月 熊本地震 | M7.3 | 273 | 2,809 |
| 2018年9月 北海道胆振東部地震 | M6.7 | 43 | 782 |

出所：総務省・気象庁のデータより作成

東日本大震災の例を挙げるまでもなく，津波は沿岸部の建造物やインフラを根こそぎ破壊する力を持っており，また海水をかぶった工場の機器類は復旧が難しいケースが多い。津波ハザードマップによって，自社のサプライチェーンで津波のリスクにさらされるポイントはどこかを把握することが対策の第一歩となる。

## 火山噴火

火山噴火が発生すると，噴石・火砕流・火山泥流・溶岩流・火山ガスなどが発生することによって，人的・物的な被害が出る。

世界には約1,500の活火山があるが，日本はそのうち約7％にあたる111の活火山を有している。火山噴火は基本的に「突発型」のインシデントといえるが，山体のふくらみや地熱などを計測することで噴火リスクの高まりを計測し，前兆をとらえることは可能だ。日本では富士山を含む50の活火山が「常時観測火山」に指定されており，24時間体制で監視され，気象庁が予報・警報・特別警報を発表する体制を整えている。しかし，戦後最大の火山災害といわれている2014年の御嶽山噴火では，5段階ある噴火警戒レベルのうち最もリスクの低い警戒レベル1で噴火したこともあり，常に予兆をとらえて注意喚起することができるかといえばそうではない。

世界を見渡してみると，メキシコ，フィリピン，インドネシア，ハワイなど多くの火山が噴火しており，特に2022年1月に発生したトンガのフンガ・トンガ＝フンガ・ハアパイ海底火山の大規模噴火では大量の噴煙が吹き上がるとともに，遠く離れた日本でも潮位の上昇が観測されたことは記憶に新しい。また，サプライチェーンへ大きな影響を与えた事例では，2010年に発生したアイスランドのエイヤフィヤトラヨークトル火山噴火のケースがある。この噴火で噴出された火山灰は，ヨーロッパ大陸の上空に広く滞留し，数万便の航空便が

欠航して社会活動を大きく阻害することになった。影響範囲は，イギリス，アイルランド，フランス，オランダ，イタリア，ノルウェーなど30カ国以上に及んだ。火山灰が飛行機の機器を詰まらせたり，機体表面に付着して重量バランスを狂わせたりするおそれがあり，飛行機の運航にとっては大敵である。

　当時は，ヨーロッパ域内およびヨーロッパと他地域との間での航空機による物資輸送が不可能になり，代替手段である陸上輸送・海上輸送も大きな混乱に陥ることで，生産活動に必要な材料や製品，生鮮食品等の流通が滞って経済活動が阻害された。アジアにもその影響は及び，日本においては日産自動車が部品の供給が止まったことで3モデルの生産停止を発表。2つの工場で2,000台の車両の製造が中止された。また，韓国では，サムスン電子とLGエレクトロニクスが，電子機器の輸出量を毎日20%以上減少させなければならない事態となった。

　この例でわかる通り，火山噴火においてサプライチェーンに大きな影響を与える可能性が高いのは，噴石や溶岩流ではなく，噴出される火山灰である。火山灰は，雪のように時間とともに消えていくわけではなく，除去の作業を行うまでインフラやライフラインにさまざまな影響を及ぼし続けることになる。下記はその例である。また，工場ではエアコンが灰を吸い込んでしまうと修理が必要になるため稼働できず，人員の通勤が難しくなるなど，製造拠点も直接的な影響を受けることになる。

| 火山灰によるインフラ・ライフラインへの影響 | |
| --- | --- |
| 鉄道 | 微量の降灰で通電不良により地上路線の運行が停止する |
| 道路 | 視界不良による通行不能・スリップ事故の多発で滞留車両が発生する |
| 航空 | 滑走路への降灰や視界不良により運航が停止する |
| 電力 | 降雨時には0.3cm以上の降灰で停電が発生する |
| 建物 | 降雨時30cm以上の堆積圧で木造家屋は倒壊する可能性がある |
| 水道 | 浄水施設の機能低下による断水や，下水管の閉塞が発生する |
| 通信 | 基地局の通信アンテナへの火山灰付着により通信障害が発生する |

出所：令和2年4月中央防災会議防災対策実行会議 WG資料等から作成

前述したように，現在危惧されるのは富士山の大規模噴火だ。富士山が噴火した場合，首都圏一帯が火山灰に覆われて，東京の首都機能が全面的に停止する可能性も指摘されている。気象庁のシミュレーションでは，東京全域で10cm以上，その他の関東地域でも3cm以上の降灰の可能性があるとわかっており，上記に照らしてみれば大きな混乱に陥ることは間違いない。現代の大都市がこのような規模の降灰を受けた例はなく，想定外の事態が発生することも十分に考えられる。

第5章 感染症　83

# 第 **5** 章

# 感染症

## 感染症というインシデントの特性

　感染症は，企業が過小評価してきたリスクといえるのではないだろうか。2000 年代に入ってからも，2002 年の SARS（重症急性呼吸器症候群），2009 年の新型インフルエンザ，2012 年の MERS（中東呼吸器症候群）などの流行があったにもかかわらず，新型コロナウイルス（COVID-19）のパンデミックに対してわれわれの社会はあまりに無力であった。

　企業が BCP（事業継続計画）を策定する際も，想定されていたのは台風や地震といった自然災害や事故などであり，感染症の発生を計画に盛り込んでいた企業は多くなかったはずだ。感染が拡大することで，人的被害だけではなく，それに伴いロックダウンや移動の禁止が政府によって命じられ，世界中の経済活動が大きく停滞することで，これまで経験したことのないようなグローバル規模での緊急事態に発展することとなった。

　感染症の特色を自然災害との対比で見てみよう。自然災害の場合は，人的な被害だけでなく，建物や設備，インフラなども含めて物理的な被害が生じるが，被災地というのは限定されたエリアであり，非被災地域からの応援も可能であ

る。一方で感染症の場合は，「人が社会生活を制限される」というところが最も大きな特色となる。インフラは物的被害を受けないが，それを操作する人間が感染したり，濃厚接触者となったりすることで入院や自宅待機の措置を余儀なくされ，それによって「設備のメンテナンスができない」といったような形で他のリソースに影響が及ぶことになる。また，今回のように全世界に拡大することで被災地・非被災地の区別は実質的になくなり，他の場所からサポートに入るということも難しくなってしまう。

　そして復旧過程においては，自然災害の場合は瞬間的なインパクトは非常に大きいものの，被災地が復旧したり，被災地が果たしていた機能の代替を確保したりすることができれば業務量は一気に回復する。被災直後を一番の底として，時間が進むとともに平常レベルに復旧していき，基本的に後戻りすることはない。感染症の場合は，感染が拡大していく過程ではその影響がどこまで広がるのか，そして新型の感染症の場合はどれだけ危険なものなのかがわからないなかで，業務レベルが落ちていくことになる。

　COVID-19のケースでいえば，感染拡大期には各国においてパンデミックが宣言されたことにより，経済活動全体に急ブレーキがかかり，生産・販売が縮小。当然，船舶や飛行機による輸送に対する需要も，それに合わせて急激に縮小することとなった。しかし一方で，「巣ごもり消費」に対応するモノやサービスについては，感染拡大前と比較して需要が急拡大することで，需要と供給のバランスが短期間で急激に歪められた。このように供給面だけではなく需要面にも大きな影響を与える点が，感染症がサプライチェーンに及ぼす影響として特異的なところであろう。

　感染拡大が底を打ち，収束期に入っても安心はできない。ワクチンが普及することで収束のフェーズに入り，経済は再始動したものの，感染拡大期に急激に縮小した海上輸送力・航空輸送力をすぐに戻すことは難しく，サプライチェーンのあちこちで需要が供給能力を上回る状況となった。また，一度変わった

ライフスタイルはすぐには戻らず，さまざまな品目において需要予測の難易度が大きく高まったことも指摘しておきたい。

企業としては，従業員の感染リスクのコントロール，果たすべき社会的責任，経営面への影響など多方面に目を配りながら業務レベルを調整しなくてはならない。さらに，感染は第二波，第三波，第四波と繰り返されるため，それに合わせてリソースの調整を行うには高度なマネジメント能力が求められる。

| 自然災害 | | 感染症 |
|---|---|---|
| 人だけでなく，建物・設備・インフラなどのリソース全体が物理的被害を受ける | 被害対象 | 人が稼働できなくなることで，その他リソースの利用も制限され，広く経済活動の停滞が起こる |
| 基本的に局地的 | 被害地域 | 局地的の場合もあるが，全世界に拡大することも |
| 非被災地域からの応援が可能 | 応援 | 他の場所からの応援が難しい |
| ・建物の耐震化や防水対策<br>・防災訓練 | 事前対策 | ・テレワーク化<br>・感染予防/健康管理 |
| 被災直後を底に復旧に向かっていく | 復旧過程 | 徐々に拡大し，復旧段階では何度か感染の波を繰り返してから終息に至る |

# 第6章

# 人為災害

## 火災・爆発・輸送中の事故

　サプライチェーンを阻害する人為的災害には事故と故意によるものがあるが，事故として頻繁に発生するものでは工場や倉庫における火災が挙げられよう。令和5年版消防白書によると，令和4年度の日本における建物火災の出火件数は20,167件であったが，そのうち「工場・作業場」での火災が1,655件，倉庫での火災が482件にのぼった。合計すると2,137件となり，工場や倉庫で一日あたり5.9件の火災が起きていることとなるため，けっして珍しい事象ではないことがわかる。火災による被害は局地的であるものの，人的・物的両面の被害が考えられ，延焼などによってそれが拡大してしまう恐れもある。

　発生の要因としては管理不十分・誤操作・確認不十分といった人的要因と，故障・破損・腐食等劣化などの物的要因に分けられる。東京消防庁の資料によると，腐食等劣化と誤操作が要因として増加しているが，工場の老朽化や，コストダウンの追求による省力化や人手不足を原因とした人員の減少，中小零細工場については防火管理の不徹底や訓練不足などが原因ではないかと推察される。また，その他の産業事故ということでは，高圧ガスの破裂事故や有毒物の漏出，電気関連の事故や（海外の特に発展途上国では）炭鉱での崩落事故など

も発生している。

　近年サプライチェーンに影響を与えた例を挙げると，2021年3月に半導体大手ルネサスエレクトロニクスの那珂工場（茨城県ひたちなか市）で発生した火災が挙げられる。世界的に半導体不足が深刻化するなかでの火災発生で，特にこの那珂工場は車載用マイコン全体の約25％を生産していたことから，自動車業界を中心に多大な影響を及ぼした。

　また，少し遡った2020年10月には，旭化成エレクトロニクスの半導体製造工場（宮崎県延岡市）でも火災が発生している。この工場では主として音響機器やスマートフォン向けの半導体集積回路（LSI）を生産していたが，なかには少量多品種生産の特殊仕様の半導体もあり，代替生産のハードルも高く，影響が広く波及することとなった。

　また，倉庫火災の例では，2021年11月に発生したロジスティード西日本（当時・日立物流西日本）の舞洲営業所（大阪府大阪市）での火災がある。放火を原因として，鎮火までに5日間を要し，延床面積5万3,000平方メートルのうち3万8,700平方メートルを焼損したこの火災では，主に製薬業界への影響が顕著であった。薬品の物流では，温度管理を始めとした高い管理能力と的確な輸送体制が求められ，この舞洲営業所はそうした要望に応えらえる高機能倉庫の1つとして，複数の製薬企業が西日本に製品を供給する拠点となっていたからだ。

　また，自然災害によって事故が誘発されるケースも忘れてはいけない。2018年7月に発生した豪雨の際，岡山県総社市のリサイクル工場でアルミニウム溶解炉に氾濫した川の水が流入し，水蒸気爆発が起こった件や，2019年10月の台風19号による阿武隈川の氾濫によって，福島県郡山市のメッキ工場から毒物のシアン化合物が流出した件などが例として挙げられる。

　輸送中の事故についていえば，道路上での交通事故は日常的に発生し，貨物

の到着遅延や輸送中の製品の損傷に繋がってしまうリスクがある。自然災害や火災と比較すれば発生した際の影響範囲は非常に限定されているものの，発生頻度が高いインシデントであるといえる。

　海上輸送中の例としては，日本の正栄汽船が保有し台湾の長栄海運が運用するコンテナ船がスエズ運河で座礁し，他の船舶の通航を約1週間にわたって遮ってしまった事故がある。スエズ運河は，アフリカ大陸を回らずにアジアと欧州を結ぶ重要な運河であり，グローバルな物流の約8割を占める海上輸送のうち約12％がここを通過することから，世界貿易に顕著な影響を与えることとなった。海事専門誌ロイズリストの試算によれば，この運河が1時間通航不能になるごとに4億ドルの価値が失われるとされている。

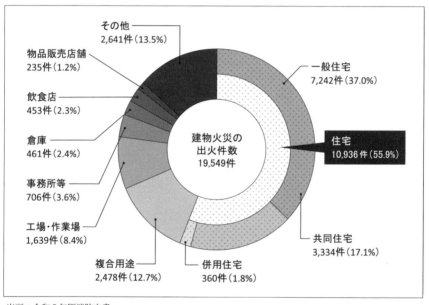

出所：令和5年版消防白書

## インフラ・ライフラインの不具合

　その他の事故としては，インフラ（道路・鉄道・港湾・空港・通信）やライフライン（電気・ガス・水道）の不具合もサプライチェーンに大きな影響を与えうる。実例としては，すでに紹介した，2021年冬に寒波の影響で発生した米国テキサス州での大規模停電や，2022年に欧州を襲った熱波により，河川を使った輸送が難しくなったケースなどがある。こうしたインフラやライフラインの不具合については，短時間の停電に備えてジェネレーターを設置するなどの限られた対策はあるものの，自社のみで状況をコントロールすることは基本的に難しく，後述するようなカントリーリスクなどを検討して，そもそもその場所に拠点や取引先を持つべきかどうかを判断する姿勢が必要になる。

　ライフラインの不具合のなかでも近年クローズアップされているのが通信障害やシステム障害である。
　2022年7月にKDDIで発生した通信障害では，延べ3,000万人以上の携帯電話の通話やデータ通信サービスが利用しづらくなっただけに留まらず，物流や自動車，気象，銀行など幅広い企業活動に影響をもたらした。総務省が集計した，報告が必要となる通信障害は2021年度で6,696件あり，2018年度の6,180件と比較して約500件増加している。今後あらゆるものがインターネットを介してつながる「IoT社会」が到来し，個人や企業がネットに常時接続している状態を前提として成り立つ社会がやってくることを考えると，今後通信障害がもたらすインパクトは，サプライチェーンのみならず社会全体にとって大きくなっていくと考えられる。

　一方，企業のオンプレミスの基幹システムをクラウド化する動きや，日常業務にSaaS（ソフトウェア・アズ・ア・サービス）を取り入れる動きがますます加速している。個々のサービスのシステム障害は日々発生しているが，特に大

きい影響を与えうるのはそうしたサービスを支える根幹である，クラウドサービスにおけるシステム障害であろう。企業はクラウドサービスを活用することで，自社でサーバを用意することなくさまざまなシステムを構築できるため，導入や運用のコストを大幅に削減できるわけだが，クラウドサービスで障害が起きるとその上で動くシステムすべてに影響が及ぶこととなる。

たとえば米国 Amazon Web Services が提供するクラウドサービス「AWS」の東京リージョンで，2021年2月20日に発生した障害では，オンラインゲームや暗号資産取引所の一部が利用できなくなったり，気象庁の公式サイトが一時接続できない状態になったりした。本件は真夜中に発生して約5時間で復旧したが，昼間に障害が起きていたとしたら，影響は格段に広く及んでいたものと思われる。

## 故意の人為災害

犯罪行為によってサプライチェーンが攻撃されることも考えられる。火災の例として取り上げた，ロジスティード西日本（当時・日立物流西日本）の倉庫火災は，現地で働いていた元派遣社員の男がライターで放火したことによって発生した。たったひとりの行為でサプライチェーンが大きく乱れ，80億円以上の損失が生じたのだ。不正行為としては，2023年12月に発生したダイハツにおける認証試験での不正によって全工場の稼働が停止し，そのサプライチェーンを構成する8千社超の企業に影響が出たことが記憶に新しい。

また，もっと日常的に発生しているのは盗難である。サプライチェーンの過程で貨物の盗難は頻繁に起きており，貨物置場や倉庫などから，また物流の途中において抜き取られてしまうことがある。

2023年3月に，BSI（英国規格協会）が発表した「2022 Cargo Theft Report」と題する貨物の盗難に関するレポートによると，盗難の対象品目は，食品16%，

電気製品12%, 農作物9%, 自動車9%, 燃料8%, 建築資材7%, その他39%。頻発する国として挙げられているのはインド, 米国, ブラジル, メキシコ, ロシア, ドイツ, 南アフリカとなっており, けっして発展途上国に限った現象ではない。

製造部品が盗難に遭うケースでは, 保険をかけておいて損失を取り戻すだけでは不十分で, もしそれがすぐに代替品が調達できるものでなければ生産ラインの停止につながってしまう。

## サイバー攻撃

サイバー攻撃によってサプライチェーンが阻害されるケースが目に見えて増加している。サイバー攻撃の形態は, 特定のターゲットを狙ったもの, 不特定を攻撃するもの, システムに負荷をかけるものなどさまざまであり, 手法も日々新しいものが開発されている。

典型的な分類としては, 外部から大量のデータをサーバに送り付けることで過大な通信を発生させてシステムダウンに追い込む「DDoS攻撃」, 悪意のあるソフトウェアを使わせて個人情報や金融関係などの情報を盗み出す「マルウェア」, パスワードを盗んだりランダムに生成したりして不正アクセスを行う「パスワードクラック」などがあるが, 近年増加しているのが, コンピュータをロックしたり, 保存してあるデータファイルを暗号化したりすることで業務継続を困難にし, 元に戻すことと引き換えに身代金を要求する「ランサムウェア」という手口だ。ランサムとは身代金を意味する。

2022年2月に, 自動車内装品メーカーであり, 自動車業界のサプライチェーンで重要な役割を担う小島プレス工業に対して行われたのが, そのランサムウェアを使った攻撃だ。ハッカーは, 小島プレス工業の取引先企業のシステムに侵入し, そこから小島プレス工業のファイルサーバにアクセスしてデータを

暗号化した。ハッカーは身代金の要求を送ってきたが，小島プレス工業は毅然として応じなかった。結果，サプライヤーや取引先との連絡に使うシステムのシャットダウンを行わざるをえず，トヨタ自動車の国内全14工場28ラインやダイハツ工業，日野自動車の工場が操業停止を余儀なくされてしまった。警察庁によると，2022年はこうしたランサムウェア攻撃が前年比58％の増加を見せたとのことだ。他にも自動車関連企業へのサイバー攻撃は多く発生しており，2022年にはブリヂストンの米国子会社，デンソーのドイツ子会社，三桜工業の米国子会社などが攻撃を受けたことが知られており，表に出ていないものも含めるとその発生件数は相当数にのぼるはずである。

　こうしたサプライチェーンに対する攻撃の厄介な点は，もし特定の会社が万全の対策を取っていたとしても，セキュリティ対策が甘く脆弱性の高い別の会社を最初の標的として攻撃し，そこを踏み台として本命の標的を攻撃することができる点だ。サプライチェーンでつながっている企業は，企業のシステム同士をネットワークでつなげて，生産に関する情報をやり取りすることがある。その関係性につけ込んでいるわけだ。自動車業界は，産業規模が大きいことに加え，サプライチェーンの階層が深く広い。その広大なサプライチェーンにおいて脆弱な箇所をひとつも作らないことは簡単ではない。

　いずれにせよ，ITシステムとインターネットに依存したビジネス環境で活動する現代企業にとって，サイバー攻撃は今後も大きな脅威であり続けることは間違いがない。

# 第7章

# 経営リスク

## 経営リスク，特にサプライヤーの倒産

　サプライチェーンは自社だけではなく，多くの組織が関係しあって成り立っているネットワークである。業界によっては9次，10次まで広がるサプライヤー，委託製造業者，物流業者，倉庫業者，卸売・小売業者，販売代理店などがそれぞれの機能を果たすことによって，製品は生産され，流通に乗り，消費者の手に渡っていく。こうしたサプライチェーンを構成する他社における経営リスクもサプライチェーンを阻害する要因となりうる。

　そのなかでも最も発生の可能性が高く，影響が大きいと考えられるのがサプライヤーでの経営リスク顕在化であろう。たとえば自動車部品業界では，サプライヤー網の整理・スリム化が進む中，新型コロナウイルス感染拡大によって売上が低迷。その影響によって2次サプライヤーが民事再生法の適用申請を行ったケースも見られた。重要なサプライヤーであれば，完成品メーカーが財務的にサポートする選択肢もあるが，そのような余裕がない場合，新たな部品調達の方法を見つけなければならず影響は甚大となる。

キャディ株式会社が 2022 年 11 月に発表した，製造業の経営層・調達/購買担当者等を対象にした地政学リスクや社会情勢の変化によるサプライチェーンへの影響を調べたアンケート調査では，サプライヤーの倒産廃業による調達不安について 7 割以上が「リスクを感じている」と回答しており，サプライチェーンに対する差し迫った脅威であるという認識が一般的であることがわかる。

| 経営リスク | | | | |
|---|---|---|---|---|
| **財務** | **人事** | **法務** | **信用** | **製品** |
| 倒産<br>信用格付け低下<br>敵対的買収 | 労働災害<br>差別・ハラスメント<br>採用難・離職<br>メンタルヘルス・過労死 | コンプライアンス違反<br>知的財産権侵害<br>機密情報の漏洩 | 社内不正・スキャンダル<br>個人情報漏洩<br>インターネットでの炎上 | 製造物責任・リコール<br>オペレーションミス<br>悪質なクレーム<br>環境汚染 |

# 第8章

# 国際的リスク

## 注目を集める「地政学リスク」

　地政学とは，地理的な条件が国家に与える政治的・軍事的・経済的な影響を
マクロの視点から研究する学問分野だ。英国の地理学者であったハルフォード・
マッキンダー（1861 年 – 1914 年）や米国の海軍将校であったアルフレッド・
セイヤー・マハン（1840 年 – 1914 年）などによって理論化された近現代の地
政学はその後，ナチスドイツや旧日本軍の領土拡張を正当化する論理の１つと
して使われたことから，負のイメージをまとってしまった。また第二次世界大
戦後は，資本主義 vs 共産主義という「イデオロギーの対立」が先鋭化したこと
もあり，地理に重点を置く地政学は下火の時期が続くこととなった。

　しかし昨今，書店では地政学をタイトルに冠する本が多く見られ，再び脚光
を浴びるようになっている。なぜだろうか。それは，国際的な関係が複雑にか
らみあい，かつ流動的な世の中を読み解くにあたり，１万 7000 年の人類の歴
史を通じて大きく変わっていない地理を軸に考えることの有用性が，再び認め
られたからだと考えられる。

　地政学リスクとは，この地政学に基づくリスク，つまり特定の地域が抱える

政治的または軍事的な緊張の高まりや変化が，地理的な位置関係によって，国際政治や経済に及ぼす影響とその要因を指す。具体的にどのような事象が含まれるかの定義はさまざまにあるが，下記は世界経済フォーラムが Global Risks Report という報告書のなかで挙げた項目である。

(A) 国家統治の崩壊

　　法の支配の低下，腐敗，政治的な行き詰まりにより，国家統治の機能が不安定化する。

(B) 地域的・国際的な統治機能の崩壊

　　地域・国際的機関が経済的，地政学的，環境的な重要な問題を解決出来ない。

(C) 国家間の地域紛争

　　二国間又は複数国間の紛争が経済的，軍事的，サイバー空間内，社会的等の紛争に発展する。

(D) 大規模テロ攻撃

　　大規模な人的・物理的被害をもたらす政治的・宗教的目的を持った個人又は非国家組織によるテロ。

(E) 国家の崩壊又は危機

　　暴動，地域的・国際的不安定化，軍事クーデター，内乱，国家の失敗等に伴う国家の崩壊。

(F) 大量破壊兵器

　　原子力，化学，生物，放射線の技術及び材料の進歩・拡散による国際的に重大な破壊につながる危機。

第8章 国際的リスク　97

## 経済安全保障の時代

　近時で，地政学リスクが顕在化してサプライチェーンに影響を与えた事例は，やはりロシアによるウクライナ侵攻であろう。しかし，地政学リスクは必ずしも武力を伴うものとは限らない。

　読売新聞が 2023 年 4 月，中国政府が，電気自動車や風力発電用のモーターなどに必要な高性能レアアース磁石であるネオジム磁石やサマリウムコバルト磁石の製造技術について，「国家安全」を理由に輸出を禁止する方向で検討していると報じた。改定案は国家安全保障や社会の公共利益を守ることを目的とすると明記しているものの，脱炭素化の流れで自動車の電気化が進むなかで，こうした中核部品を手中にとどめることで，環境分野で優位に立とうとする戦略的なものだと考えられている。この製造技術の禁輸が実現すると，磁石メーカーを国内に持たない国は新規参入が難しくなるとともに，中国へ完全に依存する以外の選択肢がなくなることになる。

　日本はネオジム磁石については 15%，サマリウムコバルト磁石については 10% 弱の市場シェアを持つものの，中国が囲い込んだ製造技術をもとに大規模設備投資を進めて低コスト化を実現すれば，中国への依存度を高めていかざるをえない状況も考えられる。

　この例でわかるように，地政学リスクはいま，武力をともなう，いわゆる有事の際にだけ顕在するものではない。「経済安全保障」という言葉が象徴するように，現在は経済と安全保障が密接に絡まり合っており，先端技術，特に脱炭素関連技術や半導体やエネルギーといった中核技術を自国や自国の友好国において囲い込むことが安全保障に直結する状況になってきている。企業としてもこうした動きを注意深く見守り，企業の戦略や製品の設計に反映させていかなければ，サプライチェーンに問題が生じる事態に陥るだろう。

## 人権問題の外交武器化

　経済的な依存関係だけではなく，人権問題も外交上の武器となりうる。すでに述べたように，中ロを始めとした「強権的国家陣営」と米国を筆頭とした「民主主義国家陣営」の対立構造が浮上するさなか，特に米中覇権争いのなかで人権問題が大きな争点となっている。

　米国は，中国共産党による監視社会の構築や人権活動家の弾圧，新疆ウイグル自治区におけるウイグル人の収容所問題などについて厳しく批判し，同自治区で生産された製品の輸入規制を行ってきた。2021年1月には米国ロサンゼルス港で，ファーストリテイリングが運営する「ユニクロ」のシャツ輸入を米国税関が差し止めるということがあった。理由は，新疆ウイグル自治区の団体「新疆生産建設兵団（XPCC）」によって製造された疑いがあると指摘されたためだ。米国は2019年より，人権侵害への関与が疑われる個人や事業体をSDN（特別指定国民および資格停止者）リストに加えて，厳しい禁輸措置を課してきたが，このXPCCもリストに含まれていた。SDN指定は米国の企業だけではなく，第三国の企業と指定企業との取引がすべて禁止される厳しい措置である。ユニクロはこれに巻き込まれた形だ。

　また，EUも人権問題に対して厳しい対応を取り始めており，2021年3月に「EU グローバル人権制裁制度」に基づき，新疆ウイグル自治区における人権問題を理由に中国の個人・団体への経済制裁を決定するなど，ここでも対立は深まっている。そして日本政府も，サプライチェーン上の人権デューデリジェンス実施を企業に促すガイドラインを2022年9月に策定し，「責任あるサプライチェーン等における人権尊重のための実務参照資料」を2023年4月に公表するなど取り組みを進めており，日本企業もそのバリューチェーンにおいて人権問題が生じていないかにつき，一層慎重に確認する必要が生じてきている。

このように，地政学リスク顕在化の形の1つとして，「新しい法規制やルールの導入」があることに留意が必要だ。

## カントリーリスクとは

本書では，国際関係における政治的・軍事的・経済的な緊張の高まりに基づくリスクを「地政学リスク」と定義づける一方，一国内の政治経済や社会環境の状況によってその国に混乱が生じるリスクを「カントリーリスク」として整理している。しかし，内政も国際的な情勢の影響を受けるため，現実的にはこの2つを峻別することは難しいかもしれない。とはいえ企業が海外進出を図る際や社員を海外出張させる際には，国という枠ごとに検討を行うはずで，カントリーリスクというとらえ方はこの点で有効であると考える。

カントリーリスクの要因は大きく4つに分類できる。

### ① 政治リスク

政権交代や政策の変更など，政治的な要因から来るリスク。実例としては2011年の中東で巻き起こった民主化への動きや2014年のタイの軍事クーデターなどが挙げられる。政権の安定性，政府の腐敗度や汚職度，周辺国との紛争，人種・宗教・イデオロギーなどによる対立構造の有無などがリスクを判断するために見るべきポイントである。

### ② 経済リスク

たとえば国債のデフォルト（債務不履行），急激なインフレの進行，外貨の不足など，経済的な要因から来るリスク。実例としては1997年のアジア通貨危機や，近年では2022年のスリランカ経済危機などがある。インフレ率，失業率，政府の財政収支，インフラ・ライフラインの安定性，為替レートの安定性，

外貨準備高，人口動態などが見るべき指標となる。

### ③ 社会リスク

宗教や文化，歴史的な事情によってテロや紛争，不買運動などが起こるリスク。実例としては各地で起こるテロ事件や，2012年に中国で起きた反日活動・不買運動，2023年に特に大きく暴力的になったフランスでのイエローベスト運動などが挙げられる。テロの発生件数，ストライキや労働争議の傾向，インフラ整備状況，宗教に伴う慣習，日常的な治安などがリスクを判断する際に着目すべき点である。

### ④ 自然災害リスク

水害・地震・津波・火山噴火といった自然災害が発生するリスク。どのような災害がどれくらいの頻度で発生するかは国によってさまざまであるが，日本は世界でも自然災害リスクの高い国のひとつだということができる。実例としては2011年のタイにおける大規模水害や，2020年のフィリピンにおけるタール火山噴火などが挙げられる。自然災害の発生可能性とその規模を見てリスクを判断するべきである。


## ミャンマーでのクーデター

カントリーリスクが顕在化してサプライチェーンが途絶した例として，ミャンマーでのクーデターが挙げられよう。

ミャンマーは，2011年の民政移管（不完全ながら）以後，鎖国状態から国際社会への復帰が進み，日本政府は開発援助を積極的に行って支援してきた。2013年以降，日本政府が円借款を通じて電力・港湾・道路・通信などの周辺インフラを整備したうえで，ミャンマーと日本の官民共同事業体が開発を行ったティラワ経済特区には，全盛期には100社を超える外資系企業が進出，そのう

ち半数を日系企業が占めた。しかし 2021 年 2 月 1 日，ミャンマー国軍は全土に非常事態を宣言するとともに，国家の全権を掌握したと表明した。このクーデターによって状況は一変し，国内外から非難の声が殺到するも，国軍は市民や反対派勢力を，空爆を含む暴力的な手段で弾圧する事態となった。

　この政変により，たとえばキリンホールディングスは 2021 年度第 2 四半期決算で，ミャンマーにおけるビール事業に関して 214 億円の減損損失を計上した。経済が麻痺したこと，そしてこのビール事業はキリンと国軍系企業の合弁事業であることから，不買運動が都市部を中心に広がったことがビジネスに大きなダメージを与えた。国軍が多くの企業を実質的に支配しているという背景もあり，多くの日本企業が事業の撤退やミャンマーからの調達の取りやめなどの対応を取らざる得ない状況となった。

　まさにミャンマーにおけるカントリーリスクが最悪なレベルで顕在化した形だ。

## したたかな中国政府

　また地政学リスクにからんで，日本企業として最も動向に気をつけなければならない国は，本書でもたびたび触れている中国である。

　「経済相互依存の武器化」については前述したが，近年に限っても 2020 年には新型コロナウイルス発生源の調査を求めたオーストラリアに対して食肉の一部輸入停止や大麦・ワインに追加関税を課す措置を行い，2021 年には蔡英文政権に圧力をかけるために台湾に対してパイナップルの輸入停止を行い，2022 年には台湾に代表事務所を新設したリトアニアに対して通関拒否を行うなど，中国経済への依存を利用して経済的な威圧で意を通そうとする行為が常態化している。東京電力福島第一原子力発電所の建屋内にある放射性物質を含む水を

処理した，いわゆる ALPS 処理水の海洋放出開始をきっかけに，日本の水産物に全面禁輸を課したことも記憶に新しい。

　また，産業政策について気をつけなければいけないのが，政府主導で進めている戦略産業の国産化だ。半導体や電子部品，バイオテクノロジーといったボトルネック技術を持つ外国企業を積極的に誘致したり，買収したりすることで技術を手中に収めた後，中国企業の競争力が増した段階で今度はそうした外国企業を排除することで，中国政府は技術の取り込みと国産化を積極的に進めてきた。

　現在排除されているのはリチウムイオン電池，高速鉄道，太陽光パネルなどの分野だ。これらの分野はすでに中国国内で技術や生産方法が確立したために，政府調達に外国企業が入札できないようにしたり，国家規格を新たに作って中国国内での設計，開発，生産を求めたりという形で，邪魔になった外国企業を排斥しているというわけだ。

　こうしたことを中国政府は，産業ごとに緻密な発展計画を策定したうえで実行しているとされる。さらに，中国の特許出願・登録数が米国や日本を大きく上回っている状況があるが，他の国では認められないような公知技術であっても，中国企業の出願についてはどんどん登録をしてしまっている現状が指摘されており，これも技術を囲い込んで外資を排除するひとつの手段になっていると考えられる。

　このように中国においては，公正にルールを守って競争するという自由民主主義的な価値観とは相容れない，全く別の力学が働いていることを認識しておかなければならない。日本政府もこれに対しては経済安全保障の旗印のもと対策を進めており，また 2023 年の G7 広島サミットでの共同宣言では「重要物資の供給における特定国への依存の低減」「経済的威圧への共同対処」「先端技術の流出の阻止」などが方針として掲げられた。価値観を共有する国々と手を組んで対抗措置をとっていくことが，今後増えていくものと思われる。企業と

してはそうした動きも視野に入れつつ，自社にとっての中国のカントリーリスクを見極め，どこで作ってどこで売るかという大きな絵を描き直す必要に迫られている。

# 第9章

# 需要の不確実性

## 需要の変動もサプライチェーンリスクである

サプライチェーンリスクといった際に，真っ先に想定されるのは何らかの事象によって供給が途絶することであろう。しかし，想定の幅を超えた需要の変動というものも，サプライチェーンに大きな混乱をもたらすことを，われわれはコロナ禍で改めて思い知った。

新型コロナウイルス感染症の拡大とともに，外食，宿泊，衣服・装飾品などの需要は急減したが，一方で巣ごもり消費によってゲーム機，映画・電子書籍，学習教材，食材・酒類などの需要が急増した。また，トイレットペーパーや一部食料品など，買いだめによって需要が急増後，急減した製品もある。これだけ多くの品目の需要がジェットコースターのように激動したことで，企業は多大な労力を払って需給調整に明け暮れることとなった。

これ以外にも，市場となる国での大規模な自然災害や戦争の勃発，クーデターやテロ攻撃の発生といった国際的リスクの顕在化も急激な需要の変動を発生させる要因となるであろう。

一方，レピュテーションリスクも需要に影響を与える。レピュテーションリ

スクとは，企業のプロダクトやサービスなどの事業活動に関するネガティブな情報が広まることで，信用やブランドが毀損し，短期的・中長期的に売上を落としてしまうリスクのことを指す。いわゆる SNS における「炎上」の事例は枚挙に暇がない（逆に SNS でポジティブな方向で話題になることで，売上が急増して供給がおいつかなくなるケースもある）。

　また，昨今特にサプライチェーンにおける人権の尊重やコンプライアンスの順守が叫ばれるなか，適正な取引先と適正なビジネスをしていないことがわかると，それを基にネガティブなレピュテーションが形成され，消費者や購買担当者の意思決定に影響を及ぼしうる。2013 年 4 月にバングラデシュの首都ダッカ近郊で発生したラナ・プラザ倒壊事故はその代表例であろう。8 階建てのビル「ラナ・プラザ」には 5 つの縫製工場が入っており，約 3,000 名の従業員が働いていたが，違法な増築が行われていた上に，亀裂が発見されて避難勧告も出されていたのにもかかわらず，オーナーがそれを無視して操業を続行していた。結果，4 月 24 日にこの建物が崩壊し，1,133 名もの被害者を出す同国最大の産業事故となった。

　バングラデシュは人件費が安いことから衣料品の製造拠点として急成長し，その輸出額では中国に次ぐ世界 2 位の座にある。世界中の多くのアパレル企業が製造委託先として頼っていたわけだが，以前から劣悪な労働環境や防災設備の不備が指摘されていたのにもかかわらず，アパレル企業はそれに目をつぶって低コストのメリットを享受していた構造だ。これが大々的に報道されたことによって，いくつかのアパレルブランドについては大規模な不買運動が巻き起こった。


　また，テクノロジー環境の急激な変化も需要を変動させる。スマートフォンとその関連技術が進化することで，デジカメ・音楽プレイヤー・電子辞書などの市場は根こそぎ駆逐されてしまったが，現在起きている技術の変化は，AI・コンピューティング・バイオテクノロジーなど，複数の分野が掛け合わさった指数関数的な進化であり，そのスピードはますます加速している。画像生成 AI

はイラストレーターの仕事を根こそぎ奪ってしまうかもしれないし，ブロックチェーン技術が銀行の存在を不要にしてしまうかもしれない。需要の激変は，スマートフォンの時よりももっと短期間で起きる可能性が高くなっている。

## サプライチェーンリスクの特徴：複雑性と波及性

この第3部を通じて見てきたように，サプライチェーンを脅かすリスクは実に多岐にわたる。これらリスクを管理し，制御することが困難なのは，サプライチェーンが「複雑性」と「波及性」という特徴を持っているからだということができる。サプライチェーンは実に多くのステークホルダーが関係し，それぞれがつながり合い，人間の神経系のような広がりを見せる。その構造は非常に複雑であり，全容を詳細に渡って把握することは難しい。

また，つながり合っているということは，リスクが顕在化するとその影響がサプライチェーンのなかで連鎖的に波及していくこととなり，時として想定していなかったような深刻な被害を及ぼしてしまう。小さな町工場からの1つの部品の出荷が止まることで，世界的なメーカーの販売活動がストップしてしまうということも大いにありうる。「ある場所で蝶が羽ばたくと，地球の反対側で竜巻が起こる」。初期条件のわずかな違いが，結果に大きな差を生み出すことをバタフライ・エフェクトというが，全容の把握が難しい以上，予期せぬ結果がつながっていくことは避けられない。

これらリスクに対して揺らぐことのない，強靭なサプライチェーンを築くにはどうすればよいか。次の部より解説する。

第 **4** 部

# サプライチェーン強靭化の準備

第4部 サプライチェーン強靱化の準備

# 第1章

# 何を目指し, どう進めるか

## 強靱化とは何を意味するのか

　ここからはサプライチェーン強靱化の具体的な内容に入っていくが，まず本書において「強靱化」とは何を目指すものなのかを明確にしたい。

　強靱化とは，自社のサプライチェーンにレジリエンスを持たせることを指す。レジリエンスという言葉は日本語に直接訳すことが難しいが，サプライチェーンの文脈においては「予期しない事象の発生やサプライチェーン内外から及ぶさまざまな変動の影響による混乱・途絶に対し，供給オペレーションを停止しない，また停止したとしても迅速に元の状態に復元させる能力」のことであると定義したい。

　困難や脅威に対しても可能な限り受け流し，被害を受けたとしてもそれを最小化し，本来のパフォーマンスのレベルに迅速に回復できるサプライチェーンが「強靱なサプライチェーン」ということができるだろう。サプライチェーンにとって本来のパフォーマンスとは，必要なモノを必要な時に，必要な人に届けることである。この危機にあふれた時代に，高いパフォーマンスを発揮し続けることができるサプライチェーンを築くことの価値は非常に高い。

勘違いをしてはいけないのは，レジリエンスとは変化に対してびくともしない頑健さのみを意味するものではない。逆に，不確実性やリスク対して適応して変化していけることは，レジリエンスを実現するにあたって重要である。移り変わりが速く，そしてリスクが多様化した時代においてサプライチェーンがどう進化していくべきなのかについては，「第7部　未来を作る"強い"サプライチェーン」において述べることとする。

　サプライチェーン強靭化には4つの方向性が考えられる

### A. 堅牢性の強化

　インシデント（危機事象）が発生してもその影響を受けることのない堅牢な設備や仕組みの構築。

### B. 復元力の強化

　サプライチェーンが途絶・混乱したとしても直ちに復旧して影響を最小化する力の強化。

### C. 冗長性の強化

　サプライチェーン構造の中に戦略的なバッファを持たせることによってショックや変動を吸収する能力の強化。

### D. 追随力の強化

　通常の振れ幅を越えた急激で大幅な需要や供給の変化に対しても即座に追随していく能力の強化。

　この4つの方向性に基づく具体的な方策は後述することにして，この第4部においては，強靭化を進めるのにどのようなステップを踏んでいくべきかについて説明したい。

## サプライチェーン強靱化のステップ

次頁の図では，具体的に進めるべき強靱化のためのステップを示している。

まず初めに行うべきなのは，サプライチェーン強靱化に取り組むための基本方針の策定と，そのための体制の整備である。多くの部署やステークホルダーを巻き込んだ活動となるため，最初に基礎をしっかり固めることが重要だ。そして次に，サプライチェーンの可視化にとりかかることになる。ここが最も困難なパートになるが，構造と構成要素を可視化したうえでサプライチェーンマップを作成することが今後のサプライチェーン強靱化に留まらず，効率化という面でも大きな助けになる。そして次に，自社に影響を与えるインシデントを洗い出してリスクを分析・評価し，取り組むべき項目に優先順位をつけることが必要となる。

ここまでが強靱化を進めるための準備段階で，次いで具体的な強靱化策の実行となる。第5部でリスクを増幅させる要素とそれに対するリスク対策を網羅的にカバーして解説している。そして，第6部「リスクモニタリング」においては，リスク事象を監視する体制の構築と，多種多様なリスクに対してどのようにモニタリングを行うべきかについて解説する。

最後に，サプライチェーンを取り巻くリスクは刻一刻と変化し，また自社の事業とサプライチェーン自体も絶えず変化していく。ついては，サプライチェーン強靱化は一度徹底的に行えば終わりというものではなく，運用しながら改善を図っていくべきものである。具体的には，実際にインシデントが発生した際の状況や自社の対応について記録をしておき（それは自社にとって貴重な資産となる），それをレビューすることで，より良い対応策やさらなる強靱化策を講じることにつなげることが大切だ。また，サプライチェーンにかかわるメンバーに対する教育や訓練というものも定期的に行い，人材力・組織力を高める必要もある。

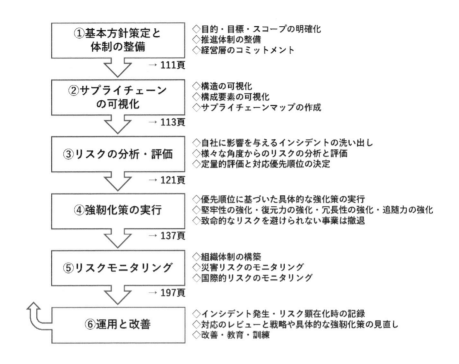

## 基本方針の策定と体制の整備

　基本方針の策定では，サプライチェーン強靱化を進めていくための目的や達成すべき目標，対象とすべきスコープなどを検討し明確化する。全社的な戦略に従い，企業価値向上のために供給を止めない体制を構築するのか，それとも取引先からの要請がありそれをクリアするために推進するのか。特定のプロダクトやプロセスのみを対象として開始し，その後拡大するのか，自社より川上にあたるサプライヤーについてのみ進めるのか，それとも川下の販売サイドまでをスコープに含むのか。それらによって取り組み姿勢や社内外で巻き込むべきステークホルダーは大きく変わってくる。
　しかしいずれにしても，強靱化を推進するにはトップマネジメントや上級マ

ネジメントのコミットメントが絶対に必要といえる。サプライチェーンは主に効率化やコストダウンを目的として進化を続けてきたが，強靱化のための具体策には，冗長化や複線化など，効率化とは逆行するアクションが含まれるからだ。たとえば安全在庫を積み増すことは，損益やキャッシュフローにマイナスの影響がある。効率化と強靱化というトレードオフの関係にあるものを同時に達成するには，最終的な意思決定はオペレーション部門のトップではなく，事業責任を持つ上級マネジメントや企業のトップマネジメントが行うべきである。

　また，推進する体制は全社横断のものが望ましい。通常，部材の QCD（品質・コスト・納期）対策やサプライヤーマネジメントなどの SCM（サプライチェーンマネジメント）関連プロジェクトでは，調達部門を中心としてあたり，生産部門や品質保証部門も加わる形が一般的である。
　サプライチェーン強靱化では，その基本方針で定める目的なスコープによってリードする部署は変わりつつも，生産部門・品質保証部門に限らず，いわゆる BCP（事業継続計画）を推進している人事総務部門・リスクマネジメント部門や，IT システムや情報セキュリティを担当している情報システム部門，コンプライアンスや経営リスクを担当する法務部門，さらには経営企画部門なども参画することが考えられる。また，経営層のコミットメントということを考えれば，この全社横断組織はトップの直下に位置させることが望ましい。昨今は，企業が事業を行っていくうえで起こりうる多様なリスクに対し，組織全体で管理していく全社的リスクマネジメント（ERM）に取り組む企業も多いが，その場合にはリスク対策の管掌役員やリスクマネジメント部門がプロジェクトをリードすることも考えられる。

第**2**章

# サプライチェーンの可視化

## サプライチェーンを可視化する

　基本方針の策定後，最初に取り組まなくてはならないのは，自社のサプライチェーンの構造と構成要素を可視化することである。

　現在，企業は自社のサプライチェーンを，リスクマネジメントの視点でどこまで可視化できているのであろうか。サプライチェーンは業界によってその構造がさまざまであり，一概にはいえないが，1次取引先は直接やりとりをしていることから細かく状況を把握しているものの，2次取引先・3次取引先にな

| サプライチェーンの実態把握の状況 | | 完全に把握 | 概ね把握 | 半分以上は把握 | 把握しているのは半分以下 | ほとんど把握していない |
|---|---|---|---|---|---|---|
| 仕入先<br>(n=621) | 1次取引先 | 36.2% | 46.1% | 5.8% | 2.3% | 1.1% |
| | 2次取引先 | 3.9% | 27.1% | 17.1% | 15.1% | 14.7% |
| | 3次取引先 | 1.6% | 7.7% | 6.6% | 9.7% | 30.9% |
| | 4次取引先 | 1.4% | 5.3% | 4.3% | 4.7% | 31.9% |
| 販売先<br>(n=621) | 1次取引先 | 37.4% | 41.5% | 5.5% | 3.1% | 2.6% |
| | 2次取引先 | 6.8% | 27.9% | 13.7% | 11.3% | 15.9% |
| | 3次取引先 | 1.6% | 8.1% | 8.2% | 9.3% | 26.6% |
| | 4次取引先 | 0.8% | 5.6% | 4.5% | 4.7% | 28.3% |

出所：経済産業省「通商白書2023」より作成

ると社名は知っていても実態はよくわかっておらず，4次取引先よりも先になるとほとんどわからない，というようなケースが一般的だと思われる。

前頁の表は「通商白書2023」に掲載されていた，ノムラ・リサーチ・インスティテュート・シンガポールが2022年に行ったアンケートに基づくデータで，「仕入先・販売先の納品・販売のスケジュールや状況についてどの程度把握しているか」という設問に対する回答をまとめたものである（合計が100％にはならないのは，すべてのアンケート対象社が回答したわけではないからと思われる）。仕入先については1次・2次はよく把握しているものの，3次・4次となると把握していない方が圧倒的に多くなっていることが見て取れる。

では，いったいわれわれはサプライチェーンのどの階層までを把握すべきであろうか。下記はサプライチェーン・リスクマネジメントのソリューションを提供している米国のユニコーン企業（企業評価額10億ドル超のベンチャー企業）Interos Inc社が，サプライチェーンのレジリエンスについて行った調査レ

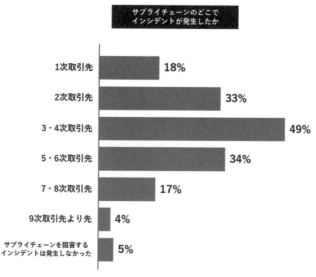

出所：Interos「Resilience 2022 The Interos Annual Global Supply Chain Report」より作成

ポートから作成したものだ。アンケート調査の対象となったのは，さまざまなセクターの企業・行政組織における，調達・IT セキュリティの意思決定者 1,500 名。調査は 2022 年 1 月から 3 月にかけて行われた。

　設問は「サプライチェーンのどの階層においてビジネスオペレーションに影響するインシデントが発生したか」というものだが，回答を見てみると，距離の近い 1 次・2 次取引先でも多くのインシデントが起きているものの，最も多く発生しているのは 3・4 次取引先で，5・6 次取引先での発生もかなりの数にのぼる。これが示唆することは，1 次・2 次取引先の把握では全く不十分であるということだ。5・6 次取引先までの構造を可視化したうえで，3・4 次取引先までは直接・間接にグリップを効かせられるくらいを目標にすることが現実的ではないだろうか。


## サプライチェーンの構成要素は

　サプライチェーン上のモノの流れをマップ上に表現するなどして可視化することは，関係者で認識を統一してリスクを発見するうえで非常に有効な手段だ。構造が複雑なケースでは作成が難しくなるが，サプライチェーンマップと呼ばれるような，サプライチェーンの構成要素とつながりを図式化したものを作成することは，その 1 つの実現例である。自社のサプライチェーンマップを描こうとした場合，どのような構成要素を書き出す必要があるだろうか。

　一番初めに思いつくのがサプライヤーであろう。1 次サプライヤー，2 次サプライヤー……とツリー状に連なっていくのが一般的だ。そして原材料や部品は自社の工場に運ばれ，さらに下流である販売網へと流れていく。しかしこのように取引先の会社名をつなげていくだけでは，リスクマネジメントの観点では不十分だ。実際にサプライチェーンのなかで，モノは多くの結節点を通っていく。たとえば，サプライヤーの工場から直接自社工場に納入される部材もあ

れば，一旦サプライヤーの中央倉庫に集められてから納入される部材もあるはずだ。また，物流業者の拠点倉庫や，海外から部材を輸入する際には港湾を通ることになる。こうした結節点をロジスティクスやサプライチェーンマネジメントにおける用語として「ノード」と呼ぶ。そしてノードとノードをつなぐ線の部分を「リンク」，そしてリンクにおける輸送手段を「モード」といい，鉄道・トラック・航空・船舶などが考えられる。

このようにノード，リンク，モードを含めてマップ上に表現することで，次のステップであるリスクの分析・評価のなかで，自社のサプライチェーン上のどこにリスクが高いポイントがあり，ボトルネックとなりえるかが見えてくることになる。

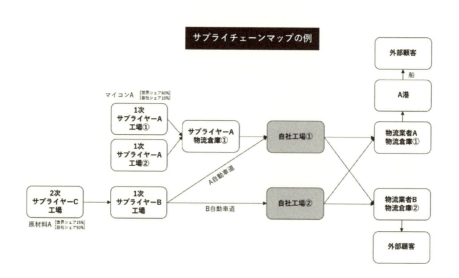

## サプライチェーンマップを作成する

　前頁に掲載したものがサプライチェーンマップの一例である。ノード，リンク，モードを書き出すことによってどのような構造になっているのかが一目で理解できるようになる。一方で，膨大な SKU を持つ大企業がそのすべての製品についてサプライチェーンを網羅的にマップ化することは不可能であろう。しかし，たとえば重要な製品や代替のないサプライヤーが関係する製品に絞ってマップ化してみることで，脆弱なポイントを見つけ出すことが容易になると思われる。

　また，地域を絞ってマップを作成することも一考に値する。下記は，前述のノムラ・リサーチ・インスティテュート・シンガポールが 2022 年に行ったアンケート（通商白書 2023 に掲載）に基づくもので，調達や生産の中断が生じた地域をすべて選択させたものである。これによると，途絶が生じた地域は圧倒的に，中国・日本・ASEAN6（シンガポール，マレーシア，タイ，フィリピン，ベトナム，インドネシア）に集中していることがわかる。

| サプライチェーンの途絶が生じた国・地域 (n=221) | | 中国 | 日本 | ASEAN6 | 北米 | NIEs3 | その他地域 | 欧州 | その他ASEAN | インド |
|---|---|---|---|---|---|---|---|---|---|---|
| **調達** | 2020年度 | 35.7% | 25.8% | 20.4% | 8.1% | 7.2% | 3.6% | 5.9% | 2.7% | 1.8% |
| | 2021年度 | 40.3% | 29.9% | 21.3% | 9.5% | 5.9% | 3.6% | 5.4% | 4.1% | 1.4% |
| | 2022年度 | 43.4% | 31.7% | 14.9% | 8.6% | 5.9% | 5.4% | 5.4% | 3.2% | 0.9% |
| **生産** | 2020年度 | 29.4% | 25.3% | 16.7% | 6.8% | 5.0% | 4.5% | 4.1% | 2.7% | 3.2% |
| | 2021年度 | 31.2% | 27.1% | 17.2% | 6.8% | 2.3% | 5.4% | 3.2% | 4.1% | 2.3% |
| | 2022年度 | 35.3% | 30.3% | 9.0% | 6.3% | 2.7% | 5.0% | 3.2% | 2.7% | 2.3% |

出所：経済産業省「通商白書 2023」より作成

　マップを作成するにあたっては，サプライチェーンの「商流」に着目して会社名をツリー状にマップ化するだけでは不十分であり，モノの流れ，つまり「物流」に着目することがポイントだ。たとえばサプライヤーＡの中央倉庫の立地を調べ，ハザードマップでどのような災害リスクがあるかを確認したり，過去

の災害の記録などにあたったりすることもできる。また，港湾についてはその
キャパシティやオペレーションの実績を確認することも有効である。さらには，
ノードとノードを結ぶリンク（陸路・海路・空路）の実績，たとえば工業団地
と港湾を結ぶ幹線道路における渋滞の状況なども把握しておくことが望ましい。
実際の地図上にサプライヤーの事業所をプロットすることで，ノードが特定の
地域に集中している状況もよく見えるようになるだろう。事業の環境や考えら
れるリスクに応じて，次のような観点からも考察を加えておくことが望まれる。

　◇　代替品や同等品の確保が容易かどうか（技術力・行政による認可・ユー
　　　ザー認証など）

　◇　そのサプライヤーが世界においてどれくらいの市場シェアを握ってい
　　　るか

　◇　そのサプライヤーの最大限の供給能力はどれくらいか／そのサプライ
　　　ヤーにとって自社がどれくらいのシェアを占めているか

　◇　同部材を複数のサプライヤーから調達している場合，各サプライヤーが
　　　自社の所要量の何％を供給しているのか

　◇　部材の共通化・規格化の程度

こうした点を見ておくことで，供給途絶後の復旧のステップでどのような状
況が発生しえるかが想定できる。災害発生後には競合との間で在庫や生産キャ
パシティを奪い合うことになることも少なくない。


　このように考察することを通じて，自社のサプライチェーンにおいてどこが
ボトルネックになりえるか，脆弱なポイントはどこかを把握できるようになる。


## 広範で多層化したサプライチェーンへの処方箋

とはいえ，サプライチェーンの階層が深い業界において，このサプライチェ
ーンの可視化，そしてサプライチェーンマップの作成はハードルが高い。部品

点数が多く，アッセンブル度合いの高い自動車，精密機械，建設機械などのサプライチェーンは自ずと深く，多層化したものになっているためだ。たとえば自動車は構成する部品点数が3万にも達し，その供給ルートもグローバルに広がっているという特徴がある。きわめて広範な組織・地域にまたがる情報を収集することは容易ではなく，サプライチェーン強靱化に向けて最初の高いハードルとなるかもしれない。

　こうした多層構造のサプライチェーンをいかに可視化すればいいだろうか。自動車業界における先進的な取り組みを紹介すると，まず比較的経営リソースに余裕のある1次サプライヤーに対して，2次以下のサプライヤーの可視化作業を依頼している。2次より先の企業では，サプライチェーン・リスクマネジメントに専従する人的リソースを確保するのが難しいためだ。1次サプライヤーは，自社が完成品メーカーに納入する部品について，手間をかけて情報を収集し，いざサプライチェーン途絶が発生した際には完成車メーカーが初期対応・復旧対応の司令塔として指揮を執るという体制だ。

　しかし深い場合には8層以上となることもあるためすべての情報を収集することは難しいケースも多々あり，その場合は対象品目を限ったり，3次〜4次までに留めたりするなどの対応を取ることもありうる。過去，どの層でインシデントが多く発生したかを分析することで，どこまで掘り下げるかを決定すべきである。

　また，情報開示を望まないサプライヤーもいるだろう。第1部「サプライチェーン，その進化の歴史」で述べたように，現在のサプライチェーンはピラミッド構造ではなくダイヤモンド構造となっているケースがある。すべてのサプライヤーが1つのグループ，1つの系列下にあるとは限らず，サプライヤーが自社に納入している企業の詳細を明かせないことも考えられる。非常に機密度の高い調達元の情報を秘匿したい場合や，自分たちを飛び越えてたとえば原材料メーカーと直接取引関係を持たれることが懸念される場合もあるだろう。そ

もそも情報開示・情報伝達をすることについてのインセンティブが低いことも
ある。

　その場合は，サプライチェーン全体でのリスクマネジメントの重要性を説く
とともに，情報開示に対するインセンティブをうまく設計することが求められ
る。取引開始の際の条件に盛り込む，価格や納期面での優遇措置を与える，ま
たはサプライチェーンの可視化ツールを導入したり情報開示のオペレーション
をしっかり確立したりすることで，情報開示にかかる工数を下げるということ
も考えられる。

　それでもどうしても情報の開示が得られない場合には，当該サプライヤーと
の契約のなかで，途絶後の供給再開までのタイムリミットを決めて，それに遅
れた場合にはペナルティを課すなどの仕組みを入れることでサプライチェーン
復旧にコミットさせ，実効性を担保するやり方も考えられる。

　また，サプライチェーンを強靭化し，リスクマネジメントを実際に機能させ
るには，その構造を可視化するだけでは十分でなく，品目ごとに見える化をす
る必要がある。これについては第5部「強靭化策の実行」にて後述する。

# 第3章

# リスクの分析・評価

## リスク分析・評価の目的と考え方

リスクマネジメントとは，けっしてリスクをゼロにすることを目的として行うものではない。世の中はあらゆる不確実性に満ちており，事業を行ううえですべてのリスクを避けるのは不可能であると同時に，企業のリソースは有限であるからだ。自社のサプライチェーンに致命的な影響や甚大な被害を及ぼすリスクは何かを明確化し，そのインパクトを評価したうえで，適切な対処を行うことがここでいう「マネジメント」の中身だ。そのために行う必要があるのが「リスクの分析・評価」である。その目的はあくまで優先順位をつけることにある。

リスクというものは次のように表すことができる。

<u>脆弱性 × 代替困難性 ＝ リスク</u>

「脆弱性」とは，特定のインシデントが発生した際に，当該リソースが利用不能になる可能性の高さを意味する。たとえば，河川沿いに製造拠点がある場合に，浸水を食い止める器具の設置や，生産ラインの防水対策を施していなけ

れば，その工場は水害に対して脆弱性が高いといえるだろう。一方で「代替困難性」というのは，当該リソースが利用不能になった場合にそれを代替する手段を確保することの難しさを意味する。ある工場で簡単に移設することのできない特殊な生産設備を使用して製造を行っていた場合，その工場の操業が不可能になったからといって，別の工場で代替生産を行うことは困難であり，この場合は代替困難性が高いといえる。この2つの視点からそれぞれのリスクを評価するべきである。

　具体的な進め方としては，まず自社に影響を及ぼすインシデントの洗い出しを行い，次に事業内容やサプライチェーンの構成，評価の対象範囲などに応じてさまざまな切り口から評価を行う。本書では「拠点ごとの分析・評価」「サプライヤーごとの分析・評価」「国ごとの分析・評価」のやり方について解説する。

## インシデントの洗い出し

　まず，サプライチェーンを阻害する可能性のある危機事象，つまりインシデントとしてどのようなものを考慮すべきかをリストアップする必要がある。サプライチェーンマップを見ながら，自社のサプライチェーンのノードを確認し，それぞれにどのようなインシデントが発生する可能性があるかを第3部第1章54頁の図を参考にしながら検討していただきたい。

　インシデントを検討する際には，次頁の図のように縦軸に事業への影響度の大小，横軸に発生頻度の高低をとってマッピングする手法があり，これによってどのインシデントに特に注意すべきかがわかってくる。これはあくまで例として作成したものであり，各社によって全く別のものになるはずである。たとえば，人のオペレーションへの依存度が高いプロセスがあれば，感染症による影響はより大きくなるだろう。また，富士山の麓，噴火の際に溶岩流が流れ至

る可能性が高い場所に工場を構えている場合は、火山噴火は重点的に検討・対処すべきインシデントとなる。また、「事故」とくくってしまっているものも、何を生産しているかなど、事業内容によってはもっと細かく分類して検討する必要があるかもしれない。

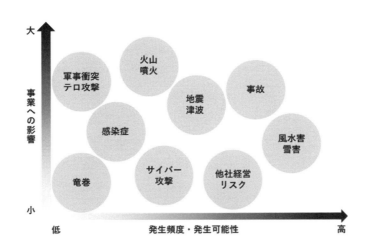

## 拠点ごとの分析・評価

　拠点ごとの分析・評価は、サプライチェーンマップをもとに地理的な位置関係を強く意識して評価できることが利点となる。それにより、港湾や物流拠点、輸送ルートなどを確認することができ、リスクの高いノードを発見することにつながる。また、自社工場と複数のサプライヤーが同じ工業団地に集住している場合などは、環境起因のリスクについてはまとめて評価をすることが可能だ。

　地理的な位置関係に着目し、自然災害のリスクを分析するには、ハザードマップを活用しない手はない。ハザードマップとは、河川の氾濫によって浸水が

予想されるエリアや津波の到達範囲，土砂災害のリスクの高いエリアなど，「進行型」「突発型」問わず災害による被害の発生リスクの高い場所を地図上に表したものだ。基本的に市町村が作成をするもので，以前はそれらを一元的に見ることはできなかったが，現在は国土交通省・国土地理院が運営する「ハザードマップポータルサイト（ https://disaportal.gsi.go.jp/ ）」で簡単に見ることができ，サプライチェーンのノードが存在する場所において，どのようなリスクがあるかを洗い出すことができる。

同サイトの「重ねるハザードマップ」では全国どの場所でも1つの地図の上に，洪水，土砂災害，津波，道路防災情報などさまざまな情報を重ねて見ることができる。サプライチェーンのノードが全国に散らばっている場合であっても，このハザードマップ1つでさまざまな角度から災害リスクを評価することができる。もう1つの「わがまちハザードマップ」は，各市町村が作成したハザードマップにリンクされており，市町村ごとの地形や気候的な特色に応じたさまざまな情報を入手することができる。

たとえば土砂災害については，発生するリスクが高い場所がある程度特定できており，土砂災害防止法に基づいて各自治体が「土砂災害ハザードマップ」を整備している。サプライチェーンのノードが，リスクの高い「土砂災害危険箇所」または「土砂災害警戒区域」の中にあるかどうかを確認することでリスクを見極めることができる。

ただし気をつけなければならないのは，ハザードマップは「このような条件で災害が発生した場合にはこのような被害になるだろう」という，あくまで想定でしかない点だ。水害のケースでは，堤防が決壊する場所が少し違うだけで浸水エリアは変わってくるため，ハザードマップでは安全な場所とされていたが実際には被災してしまった，というケースが過去に多々あるのが実情だ。前提条件を確認したうえで，過去の災害事例を確認するなど，一歩踏み込んで分析することが必要となる。

また，多くの企業にとって南海トラフ地震や首都直下地震など，近いうちに日本で発生するとされる大地震は差し迫った脅威であると思われる。地震の予知を短期的に行うことは現時点では難しい。一方，歴史的な記録から繰り返し地震が起こることが分かっている場所については，次の地震が起こる時期を，期間的に幅をとった形で予測（例：南海トラフ地震が 30 年以内に発生する確率は 70%〜80%）することは可能だ。

　国立研究開発法人・防災科学研究所が運営する「地震ハザードステーション J-SHIS」は，日本全国の地震ハザードの共通情報基盤として活用されることを企図して作られたウェブサイトであるが，ここに J-SHIS Map（https://www.j-shis.bosai.go.jp/map/）というものが公開されており，住所を入力することで地震の発生確率を調べることができるようになっている。

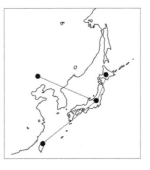

　さらに，国の防災基本計画に基づき，法律の要請に従って各都道府県および市町村が策定する防災計画である「地域防災計画」も貴重な情報源だ。各自治体のホームページからダウンロードすることができ，それぞれの地域の実情に合わせて，「震災編」「風水害編」といった形で分類されている。このなかで特に注目すべきは，シミュレーションに基づいて作成された被害想定と，地震が発生した際の倒壊危険度や火災危険度などを図示したマップだ。自社のサプライチェーンの立地に鑑み，どのようなリスクがあり，どれほどの被害が想定されるのかを確認することができる。

## サプライヤーごとの分析・評価

　自社より上流に位置するサプライヤー企業に潜むリスクの分析・評価は，必ず行わなければならない。

　「脆弱な場所に工場が立地しているか」「JIT方式のサプライヤーか（在庫の余裕度）」「過去どのようなインシデントが発生したことがあるか」「火災の予防措置は十分取られているか」「財務力は十分か」などの評価項目を定めたうえでサプライヤーに対してデューデリジェンスを行い，自然災害リスク・人為災害リスク・経営リスク・国際的リスクのそれぞれを評価すべきである。ただし，会社によっては数千社〜数万社にのぼるすべてのサプライヤーを念入りに調査することは現実的ではない。次頁の図のように調達金額と代替困難性の2軸を置いてサプライヤーを分類し，Bの象限とDの象限に入るサプライヤーを優先して確認すべきである。

　特に戦略部品やボトルネック部品などと呼ばれる，
　◇　行政による認可やユーザー認証のために特定のサプライヤーから供給
　　　を受けなければならない部品
　◇　製品の技術的な優位性を確保するために特許などで守られた特殊技術
　　　を有するサプライヤーからしか供給を受けられない部品
については特に注意が必要だ。

　これらは代替困難性が高い部品といえ，当該サプライヤーの供給能力に特殊な制約はないか，特定の地域にそうしたサプライヤーが集中していないかも含めて分析と評価が必要である。代替困難性が高いということは，インシデントが発生して供給が途絶した際に事業に大きな影響を及ぼしてしまうことを意味する。脆弱性を下げる対策を打ったり，逆に代替困難性を避けるために，ボト

ルネック部品に依存しないような設計変更したりする必要がある。具体的なアクションについては第5部「強靭化策の実行」で解説する。

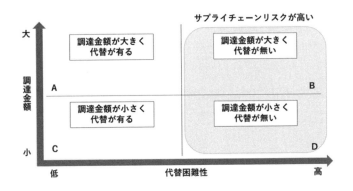

## 国ごとの分析・評価

　国際的リスク，つまり地政学リスクやカントリーリスクについては，ピンポイントの拠点やサプライヤーごとに評価するのではなく，国ごとに分析・評価することが必要になる。たとえば自然災害リスクを例にとると，温暖化の進行による災害の多発化・激甚化という傾向はあるものの，それほど急激にリスクが上昇したり低下したりするものではない。しかし地政学リスクやカントリーリスクについては，たとえばクーデターの勃発によって政権が転覆し，法制度の施行状況ががらりと変わってしまうケースなど，急激に状況が変化することがある。

　よって，国ごとの分析・評価は一度行ってしまえば終わりではなく，定期的にアップデートしていく必要がある。分析・評価については，さまざまなコンサルティング会社や保険会社などがサービスを提供している一方で第5部「強

靭化策の実行」で述べるように，自社内に専門部署を設立するような動きも加速している。

## リスクの定量的評価

前述したように，リスクの分析・評価を行う目的は，リソースを割り当てて対策を打つべきリスクの優先順位をつけることである。そのためには，定量的に評価できることが望まれる。たとえば，カントリーリスクの場合は項目ごとにスコアリングするという方法が考えられるし，サプライヤーごとの分析・評価では，当該サプライヤーから供給される部品がどの完成品に使われ，その完成品の売上・利益がいくらあるかというところから部品ごと・サプライヤーごとの定量的な評価を行うことも可能であろう。その際に，もし外部指標が利用可能なのであれば（たとえばマクロ経済に関する評価），それを利用することで客観性を担保した方が望ましい。

| 国 | 総合スコア | 政府の安定性 | 民族対立 | テロの危険性 | GDP成長率 | インフレ率 | 失業率 |
|---|---|---|---|---|---|---|---|
| A国 | 52.7 | xxx | xxx | xxx | xxx | xxx | xxx |
| B国 | 45.5 | xxx | xxx | xxx | xxx | xxx | xxx |
| C国 | 23.0 | xxx | xxx | xxx | xxx | xxx | xxx |

こうした定量的な評価のメリットは，比較可能性が高まるということである。国と国を相対的に比較したり，時系列で検討することで時間とともにリスクがどのように変化しているかを把握したりできることは，経営戦略の視点からも非常に重要であろう。もし自社内で評価を行う場合には，議論を交わしながらスコアリングすることでメンバーのコンセンサスを得ることができるというメリットもある。

## サプライチェーンを俯瞰し，リスクを特定する

さまざまな切り口から多様なリスクを分析・評価したあとは，全体を俯瞰して強靭化策の実行を行うべきポイントを見出す必要がある。

サプライチェーン全体を俯瞰して行うべきことは，「ボトルネック」を特定することである。サプライチェーンとは，製品が生産されて消費者に届けられる一連の「流れ」であり，どこか一点がリスクに対して非常に脆弱なことで途絶が起こってしまうと，流れ全体がストップしてしまう。サプライチェーンの強靭化を行うためには，そうした脆弱な箇所＝ボトルネックを見つけ出して重点的に対策を打つことが大切だ。

ボトルネックとは，瓶の首が細くなっていることに例えて，ワークフロー全体のなかで停滞・途絶を起こしやすい工程や箇所のことを指す。サプライチェーンマネジメントや生産管理の世界で著名な TOC（Theory Of Constraints）理論は，イスラエルの物理学者エリヤフ・ゴールドラット氏が提唱した理論であるが，基本的なコンセプトは，「工程の中にはボトルネックとなる部分があり，それが全体のスループット（生産量）を決定する。ボトルネックを継続的に解消することこそが重要である」というものである。

複雑に広がるサプライチェーンのなかで，一体どこにボトルネックがあるのか。リスクの分析・評価のステップで行うべきは，対応すべきリスクに優先順位をつけるとともに，制約となりうる箇所を明確化することに他ならない。たとえば化学製品（特に添加剤）については，開示情報が少ないために実態把握が困難であることや，カスタム品が多く代替調達が難しいこと，世界的にメーカーの再編が進んでおり，特定の品目が1つのプラントで集中生産されているといった実態があることなどから，インシデントが発生した際に復旧が困難になってしまう。自社の調達部材にこうしたものが含まれている場合，この品目

の調達過程がまさにボトルネックとなりうるのである。

　サプライチェーンマップの作成においては，自社やサプライヤーの製造拠点のみを書き出すのでは不十分で，物流拠点や港湾など，サプライチェーンにおけるノード（結節点）を網羅すべきと述べた。それは，物流拠点や港湾もボトルネックとなりうるからである。たとえば，新型コロナウイルス感染流行時には特定の港湾が閉鎖されたり，作業員の不足で大幅に作業が停滞したりする事態が頻発した。特定の港湾がボトルネックになるということを認識することができていれば，近隣の別の港湾や航空輸送でのバックアップを用意しておくなどの対策を事前に打つことが可能になる。

　また，下の図はサプライチェーンの（サイバー）セキュリティを考えるときに使われる「セキュリティの樽」のイラストだ。これはもともと，リービッヒの最小律（「植物・農作物の生長速度や収穫量は，必要とされる栄養素のなかで，与えられた量のもっとも少ないものにのみ影響される」とするドイツの科学者が提唱した説）をわかりやすく表したものである。樽に貯められる水の量がサプライチェーン全体の強靭性のレベル，それぞれの板がサプライチェーンを構成するノード，板の長さがノードにおける強靭性のレベルであると考えるとわかりやすい。板の長さが不均一な場合には，最も短い板が，確保できる強靭性の上限を決める制限因子になるというわけだ。

さらに「チョークポイント」という考え方も紹介しておきたい。2021年3月23日，日本の会社が所有するコンテナ船が，地中海と紅海を結ぶスエズ運河で座礁事故を起こし，世界中の耳目を集めた。スエズ運河は年間約1万9,000隻が行き交う海上交通の要衝だが，コンテナ船が運河を塞ぐ形になってしまったため，数百隻の船が立ち往生し，これにより製造業のサプライチェーンに打撃を与える結果となった。スエズ運河は全長193キロメートル，幅205メートルの細く長い運河だが，ここが通航不能になることによって世界経済に大きな影響が出たわけだ。こうした重要な海上水路のことを，軍事地理学や地政学の用語で「チョークポイント」と呼ぶ。

たとえば原油輸入の約9割を中東に依存する日本にとって，その経路上にあるペルシア湾のホルムズ海峡とマレー半島とスマトラ島を隔てるマラッカ海峡が，エネルギー調達の命運を握る大切なチョークポイントとなる。また，そもそもは地理的・軍事的な用語あったチョークポイントという言葉が適用される対象は広がっており，たとえば半導体の世界において，技術的・生産キャパシティ的に圧倒的な力を持つ台湾の半導体メーカーTSMCは，その操業が止まると半導体サプライチェーン全体に大きな影響を与えることから，企業自体が1つのチョークポイントだということができる。

また，ある技術分野において，全体的な性能やコストを実現するために必要不可欠な特定の技術のことをチョークポイント技術と呼ぶこともある。つまり，地理的要因に限らず，サプライチェーンを機能させるために避けては通れない要衝をチョークポイントと呼ぶことができ，その所在がどこにあるのか把握することが必要になる。

このように，ボトルネック，セキュリティの樽，チョークポイントといったような概念を念頭に置きつつサプライチェーンを俯瞰することで，強靭化のために取り組むべきリスクや課題点が浮かび上がってくることになる。

## リスクマップの活用

　リスクの分析・評価をしたうえで対策を打つ優先順位を決める際に活用したいのが，次頁に示したリスクマップだ。自社のサプライチェーンを阻害するリスクについて縦軸に事業への影響度，横軸に発生確率を置き，それらのリスクがどの象限に位置するかを確認していただきたい。それによって取りうる対策は決まっていく。

### 象限①　リスクの移転

　事業への影響度は大きいが発生確率が低いインシデントについては，「リスクの移転」という対策が考えられる。これは文字通り，自社の外にリスクを移転する行為であり，最も典型的な方法は，保険へ加入して一定の対価を支払うことで，リスクが顕在化した際の損失を保険会社に引き受けさせることだ。また，ITシステムを自社のサーバールームに置くのではなく，アウトソーシングして専門の業者に管理・監視を依頼するような対策もここに含まれる。

### 象限②　リスクの保有

　事業への影響度が小さく，かつ発生確率も低いインシデントについては「リスクの保有」で対応する。これはリスクに対して具体的な対策を講じないことをあえて選択してリスクを受入れることを指し，対策コストが損失額を上回る場合にも選択される。起きうるインシデントを小さいものも含めて本当に細かく列挙していけばきりがないが，それらはこの象限に落ち着くこととなる。

### 象限③　リスクの低減

　事業への影響度は相対的に大きくはないが，発生確率が高いインシデントに対する対応が「リスクの低減」である。具体的には災害に備えて設備を強化して発生確率を下げたり，製造拠点を分散化したりすることなどによって事業へ

の影響度を下げるような選択肢が考えられる。

<u>象限④　リスクの回避</u>
　ひとたび発生すると事業への影響が甚大で，発生確率も高いインシデントについては，サプライチェーンを抜本的に見直したり，事業そのものから撤退したりするといった「リスク回避」策を取ることとなる。リスクを引き起こす要因の根本的な排除，ともいうことができる。リスクの高い地域にある工場を移転することや，カントリーリスクの高い国からの撤退といった具体策を含むものだ。

　この③と④における打ち手が，サプライチェーン強靭化の実行策となる。これらについては次の部より詳しく解説する。

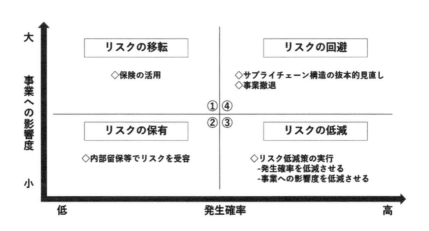

## リスクの移転

リスクマップの象限①に位置するリスクについては，保険の活用が一般的な対処法である。企業が損害に備えて加入する保険には，まず財物損壊保険（Property Damage＝PD 保険）が挙げられるが，サプライチェーンの途絶を含む事業中断には，一般的に PD 保険に加えて加入する事業中断保険（Business Interruption＝BI 保険）と呼ばれる保険商品が用意されている。これは，企業が事業中断に追い込まれた際に，その期間の逸失利益や BCP（事業継続計画）の実行にかかる費用などの短期的資金を提供することで，その長期化と深刻化を食い止めるためのものである。

PD 保険は対象のモノの価値が損害の上限になるが，BI 保険の場合には中断期間が長くなるにつれて対象となる損害額も大きくなっていく。また，物理的な財物（工場や設備など）については再建・再購入するまではキャッシュアウトが発生しないものの，事業中断では給与の支払いなどのキャッシュアウトが発生し継続するという特徴があり，資金需要も異なってくる。

通常の BI 保険に加え，自社ではなくサプライヤーの設備に生じた財物損害に起因する事業中断をカバーする構外利益保険（Contingent Business Interruption＝CBI 保険）や，サイバー攻撃やシステム関連の障害に起因する事業中断をカバーするサイバーBI 保険などもある。通常は PD 保険に付随して BI 保険にも加入するものであるが，財物損害を伴わない事業中断に対処するための保険(Non-Damage Business Interruption＝NDBI 保険)もある。

保険業界の課題として，世界的にプロテクションギャップ（経済的損害額のうち保険により補償されない損失額）が大きいという問題がある。国際保険協会連盟が 2023 年 3 月に発表した提言書では，2011 年から 2020 年にかけての自然災害による損害額のうち，約 6 割もの部分が保険による手当がされていな

かった。保険会社 Munich Re によると，2005 年米国でのハリケーン・カトリーナでは損失額の 48.4%，2011 年タイの洪水では 37.2%が保険によってカバーされたにすぎなかった。日本ではこれらの数字がさらに低下し，2011 年東日本大震災で 19.1%，2018 年 7 月西日本豪雨では 25.3%にとどまる。

また，保険会社ウイリス・タワーズワトソンによると，日本市場で活動する欧米の企業は PD 保険と BI 保険をセットで購入することが多い一方，日本企業は PD 保険に入っていても BI 保険への加入率が低いという特徴がある。地震保険はその保険料が高いことがネックになっている可能性がある。

BI 保険は事業中断によるインパクトを計算するのが難しく，利用する企業側としても期待値を算出するのが難しいという側面がある。しかし上記のような事実を見てみると，日本企業はリスクマネジメントにおいて，保険をより積極的に活用する姿勢があってもいいのではないだろうか。

## リスクの保有

リスクマップの象限②に位置するリスク，つまり発生確率が低く，発生しても事業への影響が小さいリスクについては，リスクに対して具体的な対策を講じないことを選択することになる。しかし，対策は講じないものの，もしそのリスクが顕在化して損失が生じた場合に対しては資金を準備しておくことが必要となる。資金は大きく内部資金と外部資金に分かれ，内部資金による保有とは，引当金・準備金という形で内部留保を積みあげておくことや，企業内部で資金をプールして保険の仕組みを活用する自家保険などの手段で実行される。外部資金による保有とは，金融機関からの借り入れや，あらかじめ定めた条件がそろった際に融資を受ける取り決めを金融機関と交わす融資予約枠契約などを含む。

日本企業は内部留保が厚すぎると指摘されることがあるが，それは保険の活用が欧米に比べて盛んではないことの裏返しなのかもしれない。ただ昨今は，過剰な内部留保は適切ではないとして，いわゆるもの言う株主から自己株取得や増配などを要求されることから流れが変化してきている。

第 **5** 部

# 強靱化策の実行

# 第1章

# どのような打ち手があるのか

## 強靭化策を実行すべき領域

　ここからいよいよ本書のメインテーマである，サプライチェーン強靭化策の実行に入っていく。第4部 第3章「リスクの分析・評価」では，自社のサプライチェーンを取り巻くリスクを特定し，リスクマップを利用して分類した。リスクへの対処には4つの選択肢がある。それは移転・保有・回避・低減だ。

　このうち「リスクの低減」は自社に対するリスクを低くするための打ち手を意味する。具体的には，インシデント（危機事象）の発生確率を低減させることと，インシデントの事業への影響度を低減することに分けることができる。そして「リスクの回避」は「リスク低減」の究極の形ともいえる。サプライチェーンの構造を抜本的に見直すことや，事業から撤退することによって当該リスクを回避してしまうということだ。

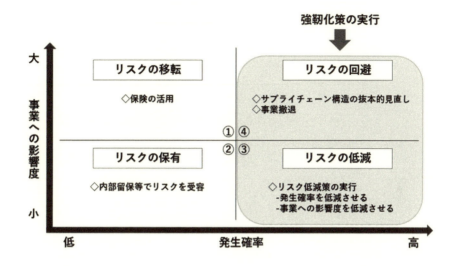

## 具体的な打ち手は

　インシデントの「発生確率」と「影響度」を掛け合わせたものが高ければ高いほど，サプライチェーンの混乱・途絶リスクは高くなってしまう。よって，この「発生確率」と「影響度」を低くすることが，リスクを抑え，サプライチェーン強靭化につながっていくこととなる。次頁の図は，「発生確率」と「影響度」を増幅する要素を網羅的に書き出し，それに対する対策を挙げ，具体的な打ち手にまで落とし込んだものだ。

　さらにはそれぞれの打ち手が，第4部 第1章で説明したサプライチェーン強靭化で考えられる4つの方向性，すなわち「A. 堅牢性の強化」「B. 復元力の強化」「C. 冗長性の強化」「D. 追随力の強化」のどれに資するものかも合わせて整理してある。ここからは1つひとつの打ち手について順を追って解説していく。

第5部 強靭化策の実行

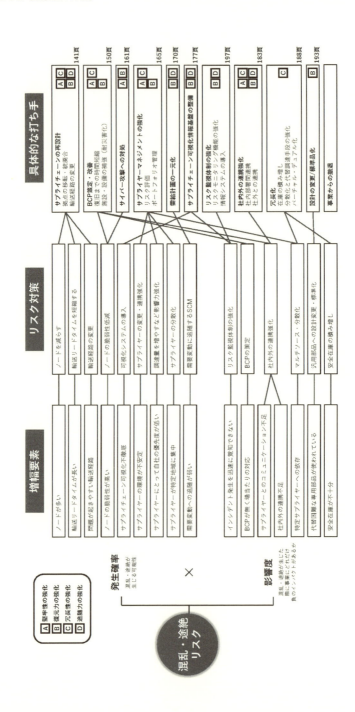

# 第**2**章

# サプライチェーンの再設計

## サプライチェーンを再設計する

　これまでサプライチェーンは経済合理性，つまりコストダウンを至上命題として発展してきた。その結果，ノードは多く，輸送リードタイムは長くなり，リスクが顕在化する余地が多くなってしまっていると考えられる。世界がグローバル化し，国と国の境目が曖昧になり，規制などを含めた環境が均一化していくなかではそれが正解だったのかもしれない。世界で最も低コストの国や地域で調達・生産し，自由自在に輸送することが前提とされてきたわけである。

　日本の製造業に関していえば，日本・韓国・台湾で高付加価値の部品や材料を生産・調達し，中国の潤沢な労働力によって最終製品を組み立てて，欧米などの先進国に輸出するというのが黄金のパターンであった。しかし，いまや地政学リスクやカントリーリスクがかつてなく高まってグローバリゼーションに強烈な逆回転がかかっており，また自然災害リスクも高まっているなかでは，これまでとは異なる指針をもってサプライチェーンを設計しなおす必要があるのは明白である。

　実際にさまざまな企業がサプライチェーンの再設計に乗り出している。たと

えば米国グーグルは，電子機器の生産の一部を中国からベトナムに移管することに関心を持っていると，ベトナムの政府高官に伝えている。そしてスマートフォン「Google Pixel」の新製品の生産ラインを2024年以降にベトナムに設置する可能性があるとの報道が流れた。

サプライチェーン・リスクマネジメントのソリューションを提供している米国 Interos Inc が，サプライチェーン・レジリエンスについて行った調査レポート「Resilience 2022」（調査期間 2022 年 1 月～3 月）では，西側先進国企業・団体の調達・IT セキュリティの意思決定者 1,500 名を対象に行ったアンケート結果が紹介されているが，「To what extent does your organization have plans to redesign your supply chain footprint?（どのような規模でサプライチェーンの再設計をしようと計画していますか？）」という設問に対し，「再設計する計画はない」と答えたのはわずか 2 ％。「大規模に設計しなおす」との回答が 64 ％，「小規模に設計しなおす」との回答が 34 ％となった。この環境下で，世界的にサプライチェーン再設計の機運が高まっているということができよう。

具体的な再設計の検討においては，第 4 部 第 3 章「リスクの分析・評価」で浮き彫りとなったボトルネックを解消することがその目標となる。単にサプライヤーを変更する，工場を移設するなどといったことに加えて，1 次・2 次サプライヤーの買収・内製化や工場同士の共同生産・共同在庫といった選択肢もある。今後目指すべきサプライチェーンの設計のありかたについては第 7 部「未来を作る"強い"サプライチェーン」のなかで述べることとする。

## 国内回帰は是か

日本の製造業については国内回帰の波が起きていることが伝えられており，さまざまな企業が中国や東南アジアから生産を国内工場に移管したり，日本国内に新工場を建造したりといった動きが活発になっている。帝国データバンク

が2023年1月に発表した調査（有効回答企業1万1,680社）の結果によると，海外調達または輸入品の利用がある日本企業のうち，拠点や調達先を国内に回帰させる，または国産品への変更といった対策を実施/検討している企業は実に40.0%にのぼった。その理由として挙げられたのは「安定的な調達」がトップで52.7%。次いで，「円安により輸入コストが増大」が44.6%と続いた。コストダウンよりも安定性を重視しての動きだということがわかる。

　そしてこの動きを日本政府も積極的に後押ししている。経済産業省の「海外サプライチェーン多元化等支援事業」や中小企業庁の「事業再構築補助金 サプライチェーン強靱化枠」などの支援枠がそれだ。また，半導体については経済安全保障の観点から自国や友好国の中に生産エコシステムを囲い込むことへの要請があり，日本政府は台湾 TSMC や米国マイクロンが国内に建設する先端半導体工場に補助金を出すほか，トヨタ自動車やソニーグループが出資するラピダスを支援している。これに応じて，優秀な日本企業が多い半導体製造装置メーカーや関連機材メーカーもその周辺に拠点を置くこととなり，業界全体として国内回帰の流れが強くなっている。

　こうした動きに乗っていくことも大切ではあるが，当然日本にもカントリーリスクがある。多発化・激甚化する自然災害はやはり大きな懸念だ。半導体産業が新たに集積し始めている九州は水害も多く，2016年に発生した熊本地震も記憶に新しい。また，少子高齢化のなかで労働力の確保について見通しが厳しいことや，円安トレンドが変転することもリスクだ。「卵は1つのカゴに盛るな」とは投資の世界の言葉ではあるが，やはりリスクマネジメントにおいて一定の分散化をしておくことは依然重要である。

　また，特に中核部品については技術流出を防ぐという意味だけでなく，国内であるからこそ技術革新を生み続けられるという側面からも，今後も国内生産が中心となるであろう。国内回帰一辺倒ではなく，地政学リスク・カントリーリスク低減という点で重要性が高まっている国内生産と，コスト低減という点

で重要な海外での生産のバランスを最適化するという観点が必要となる。

## 中国といかに向き合うか

　日本企業にとって最も頭の痛い課題は，中国といかにして向き合うのかであろう。この約30年間の日本の製造業にとって，「世界の工場」たる中国が近隣にいるという事実は非常に大きく，中国抜きにサプライチェーンを語ることは難しい。

　しかし一方で中国は世界で高まる地政学リスクの震源地の1つでもある。香港が2020年の国家安全維持法の導入を受けて本土政府の強いコントロール下に入れられたり，2023年にはいわゆる改正「反スパイ法」が施行されて恣意的な運用によって邦人が罪もなく拘束される懸念が高まったりするなど，中国の強権的政策によってカントリーリスクは高まる一方だ。また，習近平政権の経済運営は，鄧小平から胡錦涛までの改革開放路線とは異なり，企業活動や経済成長を阻害してでも政治的なイデオロギーを優先させる動きが目立っている。

　こうしたなか，中国から製造の軸足を移そうという動きは出てきているものの，30年かけて築き上げてきたものを短期間で別の国に移すことは非常に難しい。製造業は複雑なエコシステムで成り立っており，ただ工場を建てれば良いだけではなく，それを支える十分なキャパシティを持ったインフラや，近隣に進出してくる部品サプライヤーなどがあって初めて十全に機能するからだ。また，膨大な人口を抱える中国は市場としても魅力があり，中国政府は巧みにそれを使って外資企業に圧力をかけることを厭わない。「経済の武器化」の一態様だといえる。

　中華圏で売上の約20%を上げる米国アップル社が，インド・ベトナム・マレーシアなどへ製造拠点の軸足を徐々に移すことを計画したり，台湾有事に備えて半導体については米国アリゾナ州に建設中の TSMC の工場から調達する準

備を始めたりするなど，地政学リスクへの対処に余念がないが，一方で2023年3月下旬には CEO のティム・クック氏が中国を訪問して国家主催のテクノロジー会議に出席し，中国の地方教育プログラムへの資金援助を増加させる計画を発表するなど，脱中国の動きが中国政府の逆鱗に触れて制裁を科されることを恐れ，慎重に動いている様子がうかがえる。

　軸足を移さなければならない。しかし一気に脱中国の動きを仕掛けることもまた現実的ではない。そんななか，「デカップリング」という完全にサプライチェーンを分断する意味合いの言葉に代わり，「デリスキング」という言葉も使われるようになってきた。これは過度な中国依存からの脱却や，先端技術の流出防止を図りながらもリスクを低減しつつ関係を維持することを意味する。
　米中の対立については，米ソ冷戦時代とは異なりお互いの経済依存度は非常に大きい。そのため決定的な分断とブロック経済化に進む可能性は低いと思われる。完全な分断を意味するデカップリングではなく，デリスキングという姿勢で臨むのが今のところの最適解といえるのではないだろうか。

## 重要性を増す ASEAN やインド

　脱中国といった時に，国内回帰以外の選択肢が，第三国に製造の軸足を移すことである。友好国での製造拠点構築を重視する「フレンドショアリング」や近隣国での製造拠点を整備する「ニアショアリング」は，地政学リスクの時代を乗り越えるために有効な方策だ。友好国であれば突然に輸出にストップがかかるなどのリスクは低く，また輸送距離・リードタイムは短い方がインシデントの発生確率を抑えることができる。この意味でより大きく注目を浴びるであろう地域が ASEAN（東南アジア諸国連合）とインドだ。

　ASEAN は，東南アジア10カ国からなる共同体で，インドネシア・カンボジ

ア・シンガポール・タイ・フィリピン・ブルネイ・ベトナム・マレーシア・ミャンマー・ラオスによって構成されている。政治体制は実はバラバラで，けっして民主的な運営がなされていない国も多いという実情もあるが，日本政府はASEANと良い関係を維持しており，2023年12月には日本ASEAN友好協力50周年の特別首脳会議や記念イベントが東京にて開催された。

　金融と物流のハブであるシンガポール，生産国としての基盤が整っているタイ，3億人に迫る人口を持つ消費大国のインドネシア，資源国であるブルネイなど，各国はそれぞれの強みを活かし，経済基盤はバラエティーに富む。合計で7億人近い人口は若年層も多く，今後の世界経済の成長エンジンとしての期待が高い。

　またインドは，2023年7月に中国を抜いて世界一になったと見られるその巨大な人口（推計で14億2860万人）が大きな魅力だ。今後経済規模が拡大すると確実に消費力も高まっていくであろう。その場合，インドに製造拠点を置き，そこからインドや周辺国，または古くからインドと貿易関係の深いアフリカなどへ輸出するというサプライチェーン設計は合理的なものだ。実際，早くからインドに地歩を築いた自動車大手のスズキは，インドを拠点に成長市場であるアフリカの開拓を着々と進めている。

　日本政府は日ASEAN・日印の関係発展を推し進めており，これらの地域が中国に代わる，または並ぶ生産のハブになっていく可能性は高い。英国の経済雑誌Economistは，アジアの14の国と地域によって共同で形成される「オルトアジア（Altasia = Alternative Asiaの略）」が今後世界の生産活動の中心になる可能性があると指摘している。このオルトアジアに含まれるのは，日本・韓国・台湾・タイ・マレーシア・ベトナム・シンガポール・インドネシア・ブルネイ・バングラデシュ・カンボジア・フィリピン・ラオス・インドだ。

　さらに，日米やインド，ASEAN諸国などインド太平洋地域で作る経済圏構

想「インド太平洋経済枠組み」（IPEF）の協議も進んでおり，平時・緊急時のサプライチェーンを強靭化し，途絶時における具体的な連携手続を規定するための協定が 2023 年 5 月に妥結された。製造業の中国依存から脱却し，経済安全保障を確保するための布石は着々と打たれており，われわれもこうした動きを注視していくことが求められる。

## そのサプライチェーンはサステナブルか

もう 1 つ，サプライチェーンを再設計するにあたって忘れてはいけない視点が ESG だ。

ESG とは，「環境（Environment）」「社会（Social）」「ガバナンス（Governance）」を意味し，売上や資産といった財務的な情報だけではなく，非財務的な環境・社会・ガバナンスの要素を含めて企業を評価しようとする考え方だ。経済的価値と社会的価値の両立，と言い換えてもいいだろう。たとえば，目の前の売上や利益が好調であっても，オペレーションにおいて環境に対する配慮がなかったり，サプライチェーンに児童労働の疑いがある下請け会社が組み込まれていたりしたら，その財務的な業績は長期的に維持可能なものとはいえない。投資家は今後ますます ESG の視点から厳しく企業を評価することになっていくはずだ。

サプライチェーンについても，環境への負荷が高かったり，倫理的問題を抱えている場合，それはサステナブルではないと見なされて資金調達が難しくなったり，取引先から関係を断ち切られてしまったりするかもしれない。

サプライチェーンに関連して大きな課題となっているのは，人権問題への対応と温室効果ガス（GHG）排出削減の 2 点だ。ここでいう人権問題は，サプライチェーン上の取引先において，強制労働・児童労働・人身売買といった人権

侵害が行われているようなケースが主に想定される。2022年9月に日本政府が「責任あるサプライチェーン等における人権尊重のためのガイドライン」を策定し，これを受けて経済産業省が2023年4月に「責任あるサプライチェーン等における人権尊重のための実務参照資料」を公表した。

　こうした対応推進の動きもあって，現在大企業を中心に取り組みが進んでおり，サプライチェーン上の取引先に対して人権デューデリジェンスを行う動きが広がっている。たとえば大手消費財化学メーカーの花王は，花王製品に必須のパーム油を精製するために栽培されるパームの小規模農園をすべて（数十万件にのぼる）2025年までに把握するべく，地道な作業を続けている。それらパーム農園は花王にとっては直接の取引関係があるわけではないが，こうした小規模農園で発生しがちな児童労働や環境破壊に対し，完成品メーカーである花王が目を光らせているのだ。

　一方で，米中対立の構図のなかで注目されているのが，ウイグルでの人権問題だ。米国は，中国政府の新疆ウイグル自治区での人権侵害を理由に，2022年6月にウイグル製品の輸入禁止法を導入した。ウイグル産の製品を米国に輸入する際には，強制労働で生産されていない明確で説得力のある証拠の提示が求められる。しかしこのケースは人権リスクであると同時に，米国リスクだともいえる。日米両政府は情報共有のための協議体（タスクフォース）を設立しており，こうした仕組みを通じたコミュニケーションで，日本企業にとって寝耳に水の事態が発生しないことを担保すべきである。


　また温室効果ガス（GHG）は地球温暖化を引き起こす原因とされているもので，国際的に排出削減の要請が高まっている。東京証券取引市場のプライム市場への上場企業については，気候変動に対応した経営戦略についてTCFD（気候変動財務情報開示タスクフォース）提言に沿った情報開示が実質的に義務づけられたということもあり，日本の製造業でもにわかにGHG排出削減への取り組みが広がっている。

　なかでもいま課題となっているのが排出量の可視化だ。GHGプロトコル

（GHG 排出量を算定・報告する際の手順を決めた国際的な基準）で定められた GHG の区分けとしては 3 つあり，Scope 1 は自社の直接の排出量，Scope 2 は自社の間接の排出量，Scope 3 はサプライチェーン全体の排出量を指す。Scope 1，Scope 2 については自社の手の届く範囲ではあるが，Scope 3 はかなり広範囲について可視化と削減が求められ，他社との連携が不可欠となるため苦慮している企業が多い。現在のところ Scope 3 まで取り組まなくても具体的な罰則はないため，喫緊の課題とは言い難いかもしれないが，世界が一丸となって取り組もうとしている課題について消極的な姿勢であれば，人権問題と同じく取引先として選ばれなくなるリスクはある。

　自社のサプライチェーンは環境や人権に配慮し，サステナブルなものになっているか。再設計にあたってはこの視点を忘れずに持つようにしなくてはならない。

# 第**3**章

# BCP策定・改善

## BCP の策定とその意義

　BCP とは，事業継続計画（Business Continuity Plan）のことで，インシデントが発生しても重要な事業を中断させない，または中断したとしても可能な限り短い期間で復旧させるための方針・体制・手順などを示した計画を指すものである。リスクが高まる時代において，特に東日本大震災以後，BCP を策定することに対して注目が集まっているが，帝国データバンクが 2023 年 5 月 18 日～31 日に全国 2 万 7,930 社を対象に行った BCP に対する企業の見解に関する調査の結果を見ると，BCP を策定している会社は 18.4％，現在策定中が 7.5％，策定を検討しているが 22.7％であり，合計しても策定意向がある企業は約半数の 48.6％に留まっている。国や地方自治体が後押ししているものの，特に中小企業においては人手やノウハウの不足によって策定の動きが大きく広がっている状況にはないといえる。

　自社の設備を強化するなどして，インデントの発生確率とその影響度を低減すること，また事業が中断してしまった場合でも場当たり的な対応を取るのではなく，準備しておいた計画に沿って行動することで復旧を迅速に行えるよう

にしておくことは、サプライチェーンの強靭化において欠かすことのできないものだ。

## BCPの基本概念図

下図はBCPを考えるにあたっての基本的な概念である。縦軸が業務レベル（たとえば製造事業所であれば操業度）、横軸は時間軸を示している。BCPを策定する目的は、リスクが顕在化してインシデントが発生し、事業に影響を与えた場合に、業務レベルの落ち込みを最小限に抑えこんで「①許容限界以上のレベルで事業を存続させる」ことが1つ、そして素早く対処することで「②許容される時間内に復旧させる」ことがもう1つだ。BCPの策定によって、復旧に向かう曲線を上に・左に移動させて点線の形に持っていくことが目標となる。

策定にあたっては常にこの概念図を頭の中に持っておくことが大切だ。ただ、すでに解説したように、自然災害とは異なり感染症の場合は復旧に向けて業務レベルは何度も上下動を繰り返すことは覚えておきたい。

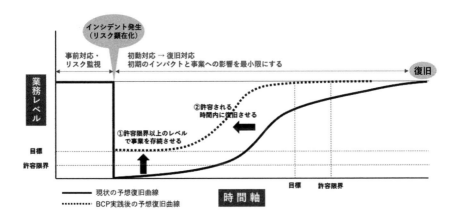

## BCP 策定のプロセス

BCP の策定方法について本書で詳説していると紙幅が尽きてしまうため，ここでは概要のみを説明することとする。専門の良書が何冊もあるため，そちらをご参照いただくか，ネット上にも BCP に関するガイドやテンプレートが多く公開されている。

### ① 方針の策定

BCP を策定するにあたっての基本的な考え方や位置づけを定義するステップ。全社的な経営戦略において BCP をどうとらえるのか。そしてどのような要素やステークホルダーを重視して策定するのかを内外に向けて発信する重要なメッセージとなる。現在では上場企業の多くがホームページ上に基本方針を掲げているため，参照してみることをお薦めしたい。

・策定にあたっての基本的な考え方
・実現したい目標と目的
・事業継続に関する運用体制と組織
・ステークホルダーとの関係性
・自社が特に警戒するするインシデント　など

### ② 分析と検討

事業継続の計画を立てる前提として，復旧を優先すべき自社の中核事業とそれを取り巻くリスクや，インシデントが発生した場合の事業への影響度を分析・検討する。BCP 策定のなかで最も時間をかけるべきプロセスであり，計画策定全体の成否を左右する重要な作業となる。

具体的には，自社の復旧優先事業は何か，そしてその事業を構成する業務は何で，どこに脆弱性が存在するのかを分析したうえで，「最大許容停止時間」「目標復旧時間」といった実現したい目標や許容レベルを設定する。扱っているも

のが医薬品なのか，娯楽用品なのか，顧客とのパワーバランスはどうなっているのか，サプライヤーがどれだけ自社への売上に依存しているかなど，多様な視点からこれを議論し，コンセンサスを形成することが望ましい。

### ③　基本戦略の決定

このステップでは，「②分析と検討」で見定めた自社の優先事業とインシデントを念頭に，どうやって事業継続を図るかの基本的な戦略を決定する。次のステップである「計画の策定」のための基盤となる部分だ。まず定めなければならないのは指揮命令系統で，対策本部をどこに設置するのか，誰が指揮命令権を執るのか，誰がスタッフとして参集するのか，情報通信手段をいかに確保するのかなどについて決定する。

そして，事業の継続戦略では，被害を受けたその場所で機能を回復するべく復旧を行う「復旧戦略」と，他の拠点や他社など第三者の場所に機能を引き継がせる「代替戦略」の2つがあるが，すでに定めた目標や許容レベルを達成するために，守るべきリソースごとに具体的なアクションに落とし込んでいく。

### ④　計画の策定

具体的に計画に落とし込むステップであり，性質が異なる「初期対応」と「復旧対応」の2つにフェーズを分けて立案することが多い。「初期対応」では，緊急対策本部の設置手順や，状況の確認方法，被害の拡大防止・メディア対応などの初期対応の手順について決定する。そして「復旧対応」では復旧計画の策定手順やそれに必要な人的資源・物的資源の確保，代替拠点の準備などについて，アクションリスト作成などとともに手順を定める。

### ⑤　演習と教育/訓練

BCPにおいて課題としてよく挙がるのが，立派な計画書を作ったもののその後顧みることもなく，組織に浸透させるのが難しいということだ。そのため，策定した計画をもとにそれを効果的に実行に移せるように行うのが演習および

教育／訓練である。「演習」では，インシデントが起きたことを想定してシミュレーションを行うことにより，計画に実効性があるか，抜け・漏れがないかを確認することが目的で，「教育/訓練」は従業員を含む事業継続計画に携わるメンバーに対して，計画を理解させ，実際にやるべきアクションを習得させることが目的となる。

### ⑥　見直しと改善

BCPは一度策定すれば終わりでなく，絶えず改善をかけていく必要がある。内部環境である自社リソースや，外部環境である事業を取り巻く状況は，絶えず変化し続けるからだ。

### ☆参考となるガイド

内閣府「事業継続ガイドライン」
http://www.bousai.go.jp/kyoiku/kigyou/pdf/guideline03.pdf

東京商工会議所「BCP策定ガイド」
https://www.tokyo-cci.or.jp/survey/bcp/file/bcp_130314a.pdf

中小企業庁「中小企業BCP策定運用指針」
https://www.chusho.meti.go.jp/bcp/contents/bcpgl_download.html

東京商工会議所「中小企業向けオールハザード型BCP策定ガイド」
https://tokyo-cci.meclib.jp/bcp/book/

第3章 BCP策定・改善　155

高知県「南海トラフ地震に備える企業の BCP 策定のための手引き」
https://www.pref.kochi.lg.jp/doc/bcp-tebiki/file_contents/2012031900370_www_
pref_kochi_lg_jp_uploaded_attachment_112893.pdf


## サプライチェーン BCP への進化

　BCP をこれから策定しようとしている企業はもちろんのこと，すでに策定している企業であっても，それがサプライチェーン・リスクマネジメントの観点から十分に機能するかどうかを確認する必要がある。従来の BCP を，サプライチェーン全体をカバーする「サプライチェーン BCP」に進化させるためにはどうすればよいか。そのためには 3 つの変化を加える必要があると考えている。

　1．BCP で想定するインシデントの拡大
　2．BCP がカバーする範囲の拡大
　3．企業単位・製造事業所単位から品目単位での検討へ

　まず 1 つ目として，想定するインシデントを拡大しなくてはならない。次頁の表は，前出の帝国データバンクによる BCP に関する調査結果から引用したものだ。BCP の策定状況に関する設問に，「策定している」「現在，策定中」「策定を検討している」のいずれかの回答をした 5,550 社に「どのようなリスクによって事業の継続が困難になると想定しているか」を尋ねたものである。圧倒的に多く想定されていたのは自然災害（地震，風水害，噴火など）で 71.8% の企業が想定している。2 位以下は回答した企業の半数以下になり，特に戦争やテロといった地政学リスクを想定している企業は 2 割を下回っていることがわかる。筆者の経験からも，多くの企業では「台風」と「地震」を想定してシナリオを作っており，そして新型コロナウイルス感染症の流行を受けて最近「感染症」を想定したシナリオを追加した，という企業が多いように思われる。た

| | 事業の継続が困難になると想定しているリスク（複数回答） | |
|---|---|---|
| 1 | 自然災害（地震、風水害、噴火など） | 71.8% |
| 2 | 設備の故障 | 41.6% |
| 3 | 感染症（インフルエンザ、新型ウイルス、SARSなど） | 40.4% |
| 4 | 情報セキュリティ上のリスク | 38.1% |
| 5 | 物流（サプライチェーンの混乱） | 34.7% |
| 6 | 火災・爆発事故 | 34.1% |
| 7 | 自社業務管理システムの不具合・故障 | 32.0% |
| 8 | 取引先の被災 | 31.4% |
| 9 | 情報漏えいやコンプライアンス違反の発生 | 27.0% |
| 10 | 取引先の倒産 | 25.7% |
| 11 | 戦争やテロ | 18.1% |
| 12 | 経営者の不測の事態 | 17.8% |
| 13 | 製品の事故 | 16.8% |
| 14 | 環境破壊 | 5.5% |
| 15 | その他 | 1.4% |

出所：帝国データバンク「事業継続計画（BCP）に対する企業の意識調査（2023 年）」より作成

だ，地政学のリスクやサイバー攻撃のリスクなども高まりを見せているため，これでは十分とはいえない。また，サプライチェーン BCP として考えたときに「取引先の被災」を想定している企業が 31.4％しかいないことも問題である。企業は BCP の射程を広げ，よりさまざまなインシデントを想定しておく必要がある。

とはいえ，多数にのぼるインシデント 1 つひとつについてシナリオを作っていては計画書類が分厚くなっていくばかりである。以前は「地震が起きたら」「火災が起きたら」という形で，原因事象に着目し，シナリオベースで BCP を策定していた。しかし高まるリスクと多様なインシデントが発生する可能性があることから，昨今ではこのシナリオベース型の BCP ではなく，オールハザード型の BCP という考え方が主流になってきている。

オールハザード型 BCP とは，どんなインシデントであろうとそこから「結果として生じる事象」に着目するものだ。原因が火災であろうと，地震であろ

うと，「この経営リソース（たとえばA工場）を喪失したらどうするか」と考える。人員の不足，出荷機能の停止，調達部材の不足……などの経営リソースの毀損を出発点とするものだ。この考え方に立てば，もしシナリオにないような想定外のインシデントに見舞われたとしても，策定してある BCP を使って対処することができる。

## BCP でカバーする範囲の拡大

2つ目に，BCP がカバーする範囲を広げなくてはならない。具体的には，従来の BCP では，製造工場・本社・営業所・物流拠点など自社内の業務プロセスを中心に組み上げられ，サプライヤーについては，調達監査などで事業継続への備えをしているか確認していたとしても，自社が責任を持つ BCP のなかで一貫してカバーされているケースは少ないと思われる。

しかしサプライチェーンの強靭化を目的とした場合にはこれでは不十分だ。だからと言ってサプライヤーに「BCP を策定してください」と要求するだけでは，リスクを転嫁するだけになってしまう。力関係はさまざまであろうが，サプライヤーは発注企業からの圧力には応じざるを得ないケースが多く，そうした押し付けでは形だけの BCP 策定になってしまう危険性がある。

たとえば，機械メーカーのナブテスコでは，重大リスクの実態調査をもとに，サプライヤーが被災することによる調達不能のリスクが大きいことを受けて，サプライヤーの BCP 支援を行っている。ナブテスコは1次サプライヤーだけでも約 1,500 社にのぼる企業から調達をしているが，その内の主要サプライヤー400 社を対象にして，BCP の重要性を理解してもらう啓発セミナーや，実践につなげる BCP 策定講座・訓練講座を開催して BCP 策定のノウハウや人手が不足するサプライヤーの事業継続力向上をサポートしている。そして発注額が大きい（依存度が高い）サプライヤーや代替の効かないサプライヤーなどにつ

いては，各社に対する個別支援を行い，設備の多重化・多能工化・教育訓練などの具体的な対策を打ったうえで，日本政府が推進する「国土強靱化」に資すると認められた民間企業が得られる「レジリエンス認証」を取得するところまで伴走している。ナブテスコという発注企業側が汗をかき，強いサプライヤーを増やすことでサプライチェーンの強靱化を推進しているということができる。

一方，建材・設備機器メーカーのリクシルは，川上であるサプライヤーだけではなく，川下にあたる工務店のBCPサポートを行っている。2017年から展開しているのが，LIXILが運営する工務店の全国チェーン「Good Living 友の会」の加盟会員向けに「災害対策の手引き」を配布することである。地場の工務店のBCPがしっかりとしていなければ，最終ユーザーや地域を支えることはできないとの考えの元，災害時の対応力の底上げを通じて，サプライチェーンを止めない体制を整えている。

このように，体力のある企業がリーダーシップを発揮し，自社だけではなくサプライチェーンを川上に，または川下に見渡して，BCPを浸透させていくことでサプライチェーン全体が強く進化していくことになる。

## 企業ごとから品目ごとへ

3つ目に，従来のBCPでは基本的に企業単位・製造事業所単位で計画を策定していたところ，サプライチェーンBCPでは品目単位で考える必要がある。

何かサプライチェーンを阻害するインシデントが発生したことが分かった際に，最初にやらなければいけないのは，そのインシデントが影響を及ぼす範囲を見極め，自社のどの製品の生産に影響を与えるかどうかを把握することだ。もしサプライチェーンを企業単位でしか整理・把握できていなかったとしたら，自社はA社からどの部材を調達しているのか，次いでA社はその部材を作るた

めにどこから部材を調達しているのか，について調査を行うところから始めなければならない。東日本大震災当時はまさにこの状態に陥り，完成品メーカーは2次サプライヤー以降の情報を収集できていなかったため，1次サプライヤーに問い合わせるしかなく，1次サプライヤーはただでさえ災害対応に追われているところに，大量の問い合わせ応じなければならなかった。現場が大きな混乱に陥ったことは想像に難くない。

　これを克服するには，部品の品目ごとにサプライチェーンを把握しておく必要がある。そうすれば，インシデントが発生した際に，影響を受けた地域がわかれば自社のどのサプライヤーに途絶リスクがあるのか，そしてそこから辿っていくと自社のどの製品に影響がある可能性があるか，即座にわかるようになる。下の図でいえば，G社の工場がある地域を大きな地震が襲った際，自社の部品「#ABC00123」に影響があることがすぐにわかる。そうすれば，G社の状況を直接，またはA社やB社を通じて確認し，被害があるのか，あるとしたら復旧までどれだけの時間がかかるのか，また安全在庫はどれだけあるのかなど

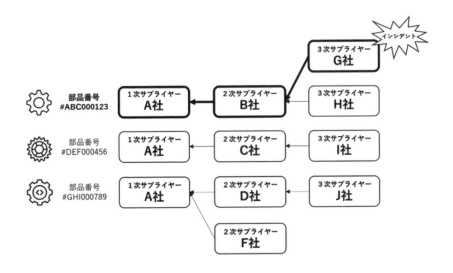

の情報を仕入れることができ，復旧のサポートに人を派遣したり，代替生産のアレンジを進めたり，それでも自社からの納品に遅れが出る場合には迅速に顧客に対して連絡・報告をすることができる。

　ただし，これは言うのは簡単であるが，実際には品目ごとの情報収集と整理には膨大な手間と時間がかかる上，一度集めたあともタイムリーに更新していかなければ意味がない。そのためには第7章「サプライチェーン情報基盤の整備」で後述するように，これを容易にする仕組みや情報システムを整備することは必須になっていくと思われる。さらに，品目ごとのサプライチェーン可視化の手間を軽減するためには，
・代替品がすぐに調達可能な汎用品については対象から外す
・納期に余裕がある製品については対象から外す
・事業戦略上で重要な製品や売上の大きな製品のみに絞る
などの措置をとることで，実効性を保ったまま工数を削減する努力は必要である。

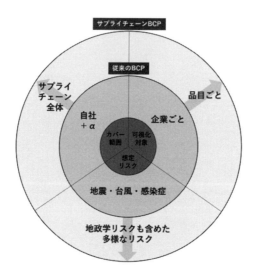

# 第4章

# サイバー攻撃への対処

## つながるサプライチェーンのリスク

第3部「サプライチェーンを脅かすリスクとは」で述べたように，サプライチェーンを阻害するサイバー攻撃が増加している。独立行政法人情報処理推進機構（IPA）が発表した，専門家が選ぶ「情報セキュリティ10大脅威2023」では第1位に「ランサムウェアによる被害」，第2位に「サプライチェーンの弱点を悪用した攻撃」が挙げられている。

それを象徴するような事件が，すでに紹介した，自動車内装品メーカーの小島プレス工業に対するランサムウェアを使った攻撃だ。公表された調査報告書によると，小島プレス工業の子会社が独自に外部企業との専用通信に利用していたリモート接続機器に脆弱性があり，そこを突破口としてネットワーク内に侵入されたことがわかっている。

また，2023年6月4日には，国内有数の貿易港である名古屋港がランサムウェアによる攻撃を受けた。コンテナの搬出入を管理するシステムがサイバー攻撃を受け，システムとつながるプリンターから脅迫文が延々とプリントアウトされたという。これにより港としての機能がほぼ全面的に停止する事態に発展

してしまった。名古屋港管理組合はサイバー対策については十分に意識しており，インターネットに接続されていない専用パソコンから入力するというワークフローにしていたが，一部の事業者にはVPN（仮想プライベートネットワーク）を通じた外部からのアクセスを許可していた。ここが攻撃の糸口として使われた可能性が指摘されている。

この2つに事件に共通しているのは，ネットワークでつながっており，自社以外の脆弱な場所が突破口として使われている点だ。今後，サプライチェーンが進化していくには，川上から川下までが同じ情報を共有して動いていくことが求められていくと思われるが，つながればつながるほど，脆弱性を突いて侵入されるリスクは高まってしまう。

## セキュリティ対策のレベルを揃える

自社が万全な対策を取っていたとしても，セキュリティ対策の甘い他社を最初の標的として狙い，そこを踏み台として自社を標的に攻撃をしてくる。これを防ぐには，ITネットワークのつながりを完全に絶つことが1つの選択肢であるが，現代においてそれは非現実的であることはいうまでもない。であれば，サプライチェーン全体でレベルを揃えた対策を行う他に手はない。第4部 第3章「リスクの分析・評価」ですでに紹介した「セキュリティの樽」のイラストはまさにこのことを説明している。板の長さが不均一な場合には，最も短い板が確保できる強靱性の上限となってしまう。別の言い方をすれば，いくら他の場所を堅牢にしておいたとしても，1つ脆弱な部分があれば意味がないということだ。

では自社のガバナンスが必ずしも届かない第三者を含むサプライチェーン全体で，短い板を作らないためにはどうすればよいか。1つにはISMSのよう

な第三者認証制度を活用するという手がある。こうした制度を活用することで，「ここまで最低限やるべき」というコンセンサスを関係者で改めて取る必要がないことのメリットは大きい。

　また，政府や業界団体が制定するガイドラインを活用する手もある。たとえば，「SEMI E187」は，半導体製造装置のサイバーセキュリティ仕様である。半導体製造装置に対するサイバー攻撃が急増したことを受けて，半導体業界団体の SEMI Taiwan がリードして規格を策定したもので，半導体工場に納品する製造装置メーカーや SIer を対象としてセキュリティ要件が定められている。こうした方法で，ネットワークでつながったサプライチェーン全体で穴を作らないことが決定的に重要となる。日本政府も同様の考えのもと，サプライチェーン対策の強化やクラウドサービスの利用拡大をふまえた対策の強化を目的に，2023 年 7 月 4 日に各省庁における情報セキュリティ対策に関する統一的な基準を改定している。

## サイバーレジリエンスという考え方

　サイバーレジリエンスとは，システムがサイバー攻撃を受けた時に，その影響を最小化するとともに，迅速に復旧する仕組みや能力のことをいう。これまでのサイバー攻撃対策とどう違うのだろうか。従来の対策はあくまで「脅威への対応」であり，安全な社内と危険な社外を分離し，その境界上で対策を打つことによっていかにシステムを攻撃から守るかという視点がメインであった。しかしクラウドが普及し，自社と他社のつながりが広がり，深まっていく時代にこれはそぐわない。

　サイバーレジリエンスでは「事業の継続性」を重視する。サイバー攻撃を BCP（事業継続計画）で想定する他のインシデントと同列に並べ，かつ「サイバー攻撃のリスクをゼロにすることは不可能だ」という前提のもとで，被害を蒙ったあとの復旧戦略を立てるのが現実的な対応となる。つまり，サイバー攻撃対

策というものを特殊な事象として切り出すのではなく，すでに説明したサプラ
イチェーン BCP の中に組み込んで対策を考えることが望ましい。

　そのうえでサイバー攻撃リスク特有の課題を挙げると，自然災害などと異な
り，被害の発生を検知して，その影響範囲を確認することが難しいという点だ。
この点に関しては，クラウドサービスやエンドポイントの脆弱性を可視化・管
理することができるポスチャマネジメントや，平常時の組織内での通信の状況
を機械学習技術を用いて学習しておき，何か異常な通信を検知した場合にアラ
ートを行う AI アノマリー検知などといったソリューションをもって対処する
ことができる。そのようにして検知したサイバー攻撃およびそれによる被害へ
の対応としては，ストレージやネットワーク機器の二重化・サブシステムの運
用といった冗長化とデータのバックアップ体制を敷くことで，システムの復旧
と事業再開までの時間の短縮を実現するべきである。

# 第5章

# サプライヤーマネジメントの強化

## 従来のサプライヤー評価項目

　製造業者にとって，サプライヤーを上手にマネジメントし，良い関係を構築することが非常に大切であることはいうまでもない。一般的にサプライヤーマネジメントとは，決定した評価軸に沿ってサプライヤーを評価し，優れたサプライヤーを優遇して味方につけ，劣ったサプライヤーには改善を求めたり，別サプライヤーに切り替えたりすることによって，調達戦略上の目標を達成していく営みである。通常は，いわゆる QCD，つまり品質・コスト・納期を筆頭にして下記のような評価項目でサプライヤーを評価することが一般的だ。

### 品　質
　納入品質が契約で合意した基準を満たしているか，不良品率や市場クレーム数がどれくらいあるのか，品質管理体制が適切に敷かれて運用されているか，生産において安全管理が適切に行われているか

### コスト
　価格優位性があるか，目標単価達成度はどれくらいか，コスト低減活動への

協力姿勢があるか，VA/VE 提案件数はいくつあったか

## 納　期

　要求納期遵守率や回答納期遵守率は何%だったか，突発的な要請や納期変更に対してどれくらい柔軟に対応したか，納期管理体制が適切に運用され，納期遅れの改善などに取り組んでいるか

## 技　術

　技術的な優位性があるか，固有の技術力・開発力を有しているか，製品開発協力に対する姿勢は積極的か

## 経　営

　財務的な安定性・収益性は高いか，人的資源は確保できているか

　「経営」の項目についていえば，サプライヤーが倒産してしまうという事態は，サプライチェーンに対して甚大な負の影響を与える。製造業者としては，納入前の在庫を引き取ったり，貸与している設備や金型を回収したりするくらいしかできることはなく，代替品の確保ができなければ自社の生産も停止してしまうことになるため，重要なサプライヤーについては経営指標をチェックするとともに，密なコミュニケーションが欠かせない。また，昨今では財務体質だけではなく，CSR（企業の社会責任）を果たしているか，環境に配慮した経営をしているか，コンプライアンス遵守できているかという点などもチェックされることが多い。

## リスクに関する評価項目の追加

　サプライチェーンのリスクが高まっている現在，従来の評価項目に加えて，サプライヤーを取り囲むリスクに着目した評価項目を追加したり，すでにある場合には評価の際の比重を高めたりすることが求められている。具体的な項目としては以下のようなものが考えられる。

- ・サプライヤーの工場立地/自然災害の履歴
- ・サイバーセキュリティ対策を行っているか/その内容
- ・納入リードタイムの長さと輸送方法
- ・製造拠点の複線化や冗長化策をとっているか
- ・国際的リスクの影響をどれだけ受けるか
- ・代替サプライヤーを見つける難易度
- ・サプライヤーにおける安全在庫レベル
- ・サプライヤーにとっての自社の重要度/依存度
- ・BCP（事業継続計画）を策定しているか/内容は実効性の高いものになっているか
- ・自社とサプライヤー間の情報共有レベル
- ・リスク監視体制の充実度
- ・宗教的イベントの有無（イスラム圏におけるラマダンによる長期休業など）
- ・当該サプライヤーより川上のサプライヤーについて管理する能力があるか

　NECでは2018年から，サプライヤーの製品領域，取引履歴，企業情報などさまざまな因子から定量的な「サプライヤーリスク指数」を開発・導入し，サプライヤーリスクの見える化を行っている。自社なりの定量的評価の手法を確立してしまえば，たとえば新しくサプライヤーを選定する際にも，RFQ（見積依頼書）にこうしたリスク評価項目を加えたり，サプライチェーンが途絶した

際の問題解決に予想されるコストを見積製品単価に乗せたりすることで，QCDに偏らないサプライヤー選定が可能になる。

一方，米国シスコシステムズは独自の定量評価手法を取り入れており，600のサプライヤーがインシデントから復旧するのに必要な時間（TTR=Time To Recover）を算定，さらにそのデータを部品表（BOM）の構成品の部分に組み込み，製品全体としての TTR が許容範囲を超える場合には代替サプライヤーの確保や安全在庫の積み増しといった冗長化策をとるようにしている。リスクを TTR という定量的評価項目で表し，それを対策につなげている好例といえよう。その他にも，評価項目ごとに配点をし，積み上げてサプライヤーごとの定量的リスク評価を行うということも考えられる。

また，重要なサプライヤーについては， BCP の策定をただ義務付けるだけではなく，前々章で紹介したようにそれを積極的に支援したり，自社の BCP と連動させたりするような取り組みも有効である。また，状況の共有として在庫レベルや輸送の状況などを可視化することは，リスクマネジメントの観点以外にもサプライチェーントータルの効率化につながることになる。

## ポートフォリオで管理する

経営リソースが限られる以上，リスクマネジメントにおいてすべての打ち手を実行することは現実的ではなく，優先順位付けをする必要がある。そのためにはポートフォリオによる管理を行うことが望ましい。サプライヤーを評価して実態を把握したら，取引額・定量評価したリスク・財務リスク・途絶した際の収益への影響額などの数値を縦軸・横軸としてサプライヤーをプロットすることで，群として管理することによって，効率よくマネジメントすることができる。

下の図でいうと，取引額が大きくリスクが高いサプライヤーA・B・Cについてはリスクを下げるためのアクションが急務であり，製造事業所に立ち入り検査を行うなどハンズオン施策を含めて対策を強化する必要がある。また重点的にリスクモニタリングする対象とするべきだ。一方で取引額が大きくリスクも小さいサプライヤーEについては，優遇して関係を強化するとともに，そのリスク対策をグッドプラクティスとして他のサプライヤーに展開することも考えられる。このようにポートフォリオで俯瞰することでリスクの所在を見える化することができ，効果的なサプライチェーン強靭化策につなげていくことができる。

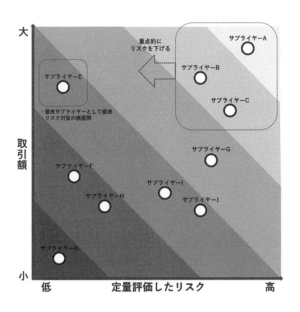

第5部 強靭化策の実行

# 第6章

# 需給計画の一元化

## 追随力を高めるには

　この章では，供給側の不確実性ではなく，需要の不確実性に対する打ち手としての，サプライチェーンマネジメントの高度化について解説する。新型コロナウイルス感染症の拡大初期にわれわれが経験したような，ジェットコースターのような需要の変動に対して，われわれのサプライチェーンは非常に脆弱であった。このようなインシデントの発生に伴って起こる需要変動に対し，サプライチェーンマネジメントを高度化し，可能な限り変動への「追随力」を高めておくことが強靭化につながっていく。

　そのためには，意思決定者が多数おり，サイロ化しているサプライチェーンの全体をなるべく一元化して全体最適を目指し，またオペレーションの実行力を高める必要がある。ここでは社内・社外に分けて，需給計画の一元化によって需要変動に強い体制を作り上げることについて説明をしていく。

　サイロ化したサプライチェーンが引き起こす大きな問題として「ブルウィップ効果」がある。ブルウィップとはもともと牛などの家畜用につかう鞭のことで，ふるった時に手元の鞭の揺れが小さいのに対して，遠くに離れていくにつ

れて揺れ幅が大きくなることがその合意である。サプライチェーンマネジメントの文脈では，川下で起こった需要変動が川上に伝播されるに従って大きな変動になっていく現象を指す。

筆者も大いに経験があるが，たとえば海外の販売会社では，欠品を起こしたくないがために在庫を多めに確保しようと，サバを読んで販売見込み数量を多めに膨らませ，それを集計する地域本社では売上予算を達成するためにこれくらいの売り玉が必要だとさらにその数字を積み増し，各地からの見込み提出を受けた製造事業所では原材料の確保やいざという時に備えてさらに余裕を持たせてしまう……このような形で多くの意思決定者がいわゆる「意思入れ」を行い，本当の市場での需要量とはかけ離れた数字が川上に伝わってしまうというのは実務の現場でよくあることである。

これは，生産キャパシティの制約からアロケーションがかかっている場合（つまり自社グループの販売会社間で取りあう状態）や，注文ロットが大きい場合（本当の需要は 70 だが，ロットが 100 なので 100 注文しよう）や，KPIの設定が不適切な場合（たとえば販売会社において売上KPI偏重となっており，在庫KPI が軽視されている）により発生しやすくなる。独立した各レイヤーでPSI（仕入・販売・在庫の計画）が作成され，リレーされていく過程で発生する現象だ。

このブルウィップ効果によって，過剰に生産量を増やす → 実際の需要は小さく過剰在庫が発生する → 今度は過剰に生産量を減らす → 欠品する，という大きな揺れ幅が生じ，過剰在庫や在庫不足が発生したり，生産においては人員や設備の稼働率が揺れ動いたりして大きな非効率が生まれてしまう。つまり，需要の変動に適切に追随できておらず，サプライチェーンが破綻しやすい脆弱な状態だということができる。

その他，サプライチェーン上の計画の出発点である需要の予測精度を上げることも，追随力の強化・サプライチェーンの強靭化につながってくる。現在で

はAIの機械学習の技術を活用した需要予測も盛んに行われるようになってきている。しかし過去の統計的なデータが豊富であれば一定の精度が期待できるものの，突発的に起こるインシデントによる影響，特に何十年に一度しか起きないような大きな自然災害などに対してこの手法を適用することが難しく，人間の洞察に勝るものではない。また，インシデントを予測しようとするより，大きな需要変動を受け止める仕組みを作る方が，リスクマネジメントとサプライチェーン強靭化の観点からは望ましい。

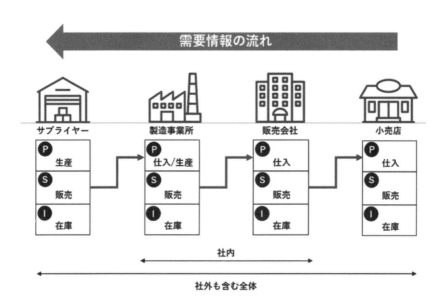

### ① 需給計画の一元化（社内）

ブルウィップ効果が生まれてしまうのは，1つに販売会社の調達担当や製造事業所の生産管理担当者など，社内に多くの意思決定者がおり，その部門間にさまざまなトレードオフ事項があることが原因である。販売側では売上を上げ

たいのでより多くの SKU が欲しいし，在庫を多く確保したい。しかしそれを統括する地域拠点では在庫管理の KPI の比重が重く，逆に SKU は少なく，在庫も最低限に持ちたい，などといった例が上げられる。こうした，実際の需要情報に付随する事情を削ぎ落して，個別最適ではなく全体最適の意思決定を行う必要がある。

全体最適の意思決定を行うのに近年日本でも注目が集まっているのが S&OP という考え方だ。S&OP とは，「Sales and Operations Planning」の略で，経営とサプライチェーンの現場（製造や販売）が情報を共有し，意思決定を大局的かつ迅速に行うことでサプライチェーン全体の最適化を図る手法のことを指す。

これまで需給計画というものは SCM 部門や生産管理の部門などが主幹となり，いうなれば販売と生産の綱引きを調整する作業であった。議論の粒度としては SKU ごとの数量で，事業計画とは結び付かないオペレーションレベルでの調整がほとんどだと思われる。S&OP では，数量だけではなくこれを経営数字（売上や在庫金額）に置き換えたうえで事業戦略・事業計画と結びつけるために行うものだ。

次頁の図は簡単な概念図であるが，これまではサプライチェーンを司るオペレーションのレイヤーと経営レイヤーの間に分断があり，また各社 PSI もそれぞれ分断されていた。S&OP 組織はこれらステークホルダーの中心に位置し，司令塔的な役割を果たすことが求められる。オペレーションレベルの実行計画が事業計画とリンクされることで，全社共通の PDCA サイクルを構築することが最終的な目的だ。

これを実現するには，まず需給調整に必要な経営・営業・生産のすべての情報を収集，一元化しなければならない。収集した情報から，事業責任を持つマネジメントが全体最適の視点から増産・減産の意思決定を行うのがポイントとなる。このためには，業務や部門ごとにバラバラに構築されたシステムや，デ

ータ保有のあり方などを見直し，個別業務領域を超えてデータを共有できるシステムや仕組みが必要になる。

　また，リスクマネジメントの観点からは「シナリオベースS&OP」の考え方が有効だと思われる。事業の進展のなかでのいくつかのシナリオを用意して需要と生産キャパシティを想定し，そこから販売計画・生産計画・在庫計画・調達計画を策定しておくのがシナリオベースでの考え方だ。たとえば，大きな入札案件を落札できた場合とできなかった場合，新製品の市場導入が予定通りいった場合といかなかった場合，といった例が考えられるが，自然災害などのインシデントが発生したケースをシミュレーションしておくことで，実際に発生する自社への影響がシナリオと全く同じでなかったとしても，機敏な対応につなげることができる。

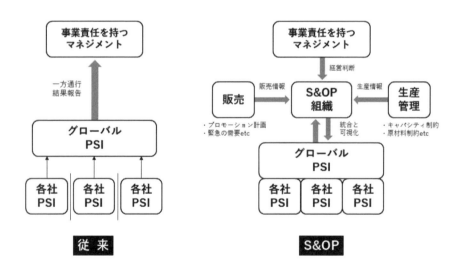

## ② 需給計画の一元化（社外）

①は社内での一元化についての話であったが，次に社外との一元化について説明する。言うまでもなく，サプライチェーンは自社組織だけで完結するものではなく，川上・川下に多くのステークホルダーが存在する。川上，つまりサプライサイドでは，取引先の構造や各ノードにおける在庫量を可視化し，生産・供給計画を連携して策定することができれば需要変動に対する追随力を大きく高めることができる。また，川下，つまりデマンドサイドについては，流通在庫が可視化され，エンド需要の変化が（意思入れ無くありのままに）迅速に伝わるようにすることが必要だ。

ただ，これを実行するには大きな壁が存在する。サプライヤーはあまり手の内をさらしてしまうと，無理な納入の要求をされたり，また最悪な場合では自社を飛び越して1つ先のサプライヤーとの直接取引に切り替えられたりしてしまうようなリスクもある。また，デマンドサイドでは，昨今小売業が力を持つ業界も多く，実際の販売や需要の情報などは，価格交渉などでのバーゲニングパワーとして使うために小売側が開示したくないケースが多いからだ。自社がエンドまで持つアパレルの製造小売業（SPA）やコンビニエンスストア会社などではない限り，簡単に手に入れられる情報ではないことを覚悟しなくてはならない。

これを実現するには，取引量をコミットしたうえで，サプライヤー側にシステムを提供して利用してもらうような方策が考えられる。ただし，サプライヤー側の工数が増えないように彼らが普段使用しているシステムと接続したり，エクセル等のファイルを，フォーマットを決めておいて放り込んでもらったりするような仕組みが必須であると考えられる。他にも，生産技術やノウハウについて積極的に供与したり，調達上での優遇条件を与えたりするなどのメリッ

トを示し，相互に価値のある仕組みを構築していかなければならない。サプライヤー側にもメリットがないわけではなく，たとえば顧客の中長期での需要情報を知ることで，設備投資などの意思決定に活かすといったことが可能になる。デマンドサイドに対しても同様に，Win-Win の関係を構築する目的で情報の共有を行い，需給計画をできるだけ一元化して余計な意思入れを排除することがポイントである。

# 第 **7** 章
# サプライチェーン情報基盤の整備

## 流動的なサプライチェーンを可視化し，情報を共有する

　サプライチェーンの可視化が出来ていなければ，リスクがどこにあるかが見えず，またインデントの発生時に自社への影響を覚知することが難しくなってしまう。現代のサプライチェーンは構造が複雑で地理的にも広がっており，可視化や情報共有のためには情報基盤が整備されていることが不可欠だといえる。特に，サプライチェーンリスクには流動性があり，サプライチェーンを構成するノードや輸送経路などは，事業を進めていくなかで少しずつその姿を変えていくのが自然だ。

　となると，それらに付随するリスクやインシデントの発生確率，事業に与える影響なども変動していくことになる。ダイナミックに移り変わっていくサプライチェーンの，ある時点での姿をとらえるだけでは意味がなく，そうした変動をタイムリーにとらえて，自社のサプライチェーン・リスクマネジメントに反映していく必要があるのは言うまでもない。

　しかし，こうした情報の収集や整理は，日常的な業務とは離れていることもあり，タイムリーな変化の反映をしっかりとできている企業は多くはなく，インシデント発生時にせっかく策定したBCP（事業継続計画）を発動しても役に

立たなかったという事態が実際に起きている。たとえば自動車の場合，サプライヤーや部品の数が膨大で，メールやヒアリングによってこつこつと情報収集をするには工数がかかりすぎ，また設計変更などのたびに更新することも大きな負担となってしまう。

この問題を解決するには，人手を使って情報収集・整備を行うのではなく，サプライチェーンとリスクの情報をリアルタイムに把握できる情報基盤を整備することが望ましい。最近では，サプライチェーン設計業務を支援するデジタルツールの中に，サプライチェーンのデジタルツインを作って地理的な情報を重ねて可視化する機能や，リスク状況の評価を実施できる機能があるものもある。また，弊社スペクティの提供する Spectee SCR など，サプライチェーン・リスクマネジメントを支援するツールは増加してきているのが現状だ。

## サプライチェーン・リスクマネジメントにおける大きな課題

現在，サプライチェーン強靭化のためにリスクマネジメント強化に取り組む企業が，インシデント対応において抱えている課題は大きくふたつある。

① 自社のサプライチェーンに影響のあるインシデントの発生をリアルタイムで覚知することが難しい
② インシデントが自社のどの製品に対して影響があるのかを即座に特定することが難しい

自然災害や事故などは日々，日本中，世界中で起きているが，そのうち自社のサプライチェーンに影響があるものは限られる。そうした限られたインシデントのみを正確かつ迅速に覚知をすることは難しく，報道や取引先の連絡を待っていては対応が遅くなってしまう。そして，インシデントを覚知できたとし

ても，それが自社のどのサプライヤーに影響があるものなのか，そして自社は当該サプライヤーからどういった部品を調達しており，その内どの品目の納入が遅れたり生産停止になったりする可能性があるのか，さらにそれが自社の生産する完成品のどのモデルに影響を与えるのかを即座に把握することも同じく難しい。

　現状では，調達の現場で長年の経験を持つ社員が，エクセルのデータや紙の資料にあたり，電話をかけて，経験と勘を駆使して状況把握に努めるという企業も少なくない。つまりサプライチェーン外部の情報（インシデント）を覚知し，それをサプライチェーン内部の情報（サプライヤーや部品の情報）と結び付けるというところに大きなペインが潜んでいるのである。2011年の東日本大震災の際に経済産業省が同年4月に行った「東日本大震災後の産業実態緊急調査」によると，自社のサプライチェーンの影響確認にかかった日数は，加工業種では1週間以内が37%，2週間以内が37%，3週間から4週間が26%，11%は調査時点で確認できていない（品目により異なるとして複数回答した企業あり）となっており，いかに大変な作業かがわかる。

　このうち①については第6部「リスクのモニタリング」の章で詳細に説明する。②については，情報基盤においてサプライチェーンの状況を可視化するとともに，インシデントの発生と同時にその影響を受けるノード，部品，完成品が即座に把握できるようになっているのが理想的な状態だ。

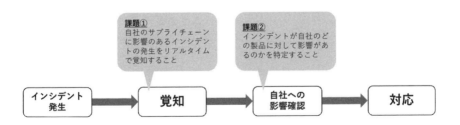

## なぜ情報「基盤」が必要なのか

　情報の共有にはいくつかのやりかたが考えられる。一番シンプルなものは，エクセルファイルやシステムが吐き出した CSV ファイルなどでデータを受け渡しすることである。この場合，開発費などがかからないメリットはあるものの，ヒューマンエラーが起きやすく，流動的なサプライチェーンの状況をとらえた高頻度でのデータ連携には向いていない。次に EDI（Electronic Data Interchange）でシステム同士を連携させる方法も考えられるが，多くのサプライヤーを抱える場合にはシステム間の接続関係が複雑化してしまう恐れがある。

　ゆえに，ハブ&スポーク型のデータ連携基盤という共通の「場」をつくり，そこにステークホルダーがデータを流し込み，一元的に管理する方法がこの場合はベストな選択肢となる。たとえばトヨタ自動車は，東日本大震災で大きなダメージを受けた経験をふまえ，サプライチェーンデータベースの「RESCUEシステム」を構築し，機密性の高い情報も含めて広く自社のサプライチェーンのデータを集約している。最大 10 次サプライヤーまで含み，車両に必要な部品・部材の品目数や，海外を含めた部品メーカーの情報など数十万件にのぼるデータベースだ。これがあることで，インシデントが発生した際にすぐに影響範囲を割り出せ，復旧支援や代替調達などの対策に即座にとりかかることができる。自動車業界のいわゆる「系列」の構造や，トヨタ自動車がサプライヤーに効かせられる強いグリップあってこその事例ともいえるが，サプライヤー側の負担を軽減する仕組みにすることで他業界でも模倣することは可能だと思われる。

## 横断的な共通プラットフォーム整備の動き

一方で，各社ごとでこうした情報基盤を構築するのは効率が悪いため，業界横断での共通プラットフォーム整備の動きも活気づいている。

ドイツの自動車完成車メーカーや部品メーカーなどが政府の支援を受けて設立したアライアンス「カテナ-X」は，製品に関するサプライチェーン，バリューチェーンの全工程を俯瞰できるエコシステムを構築するプロジェクトを精力的に推進している。ここに参加する企業は可能な範囲でデータを他社と共有する代わりに，他社の在庫状況などにアクセスすることができる仕組みになっている。

このプロジェクトの最大の目的はサプライチェーンの強靱化で，インシデントの発生時に企業が迅速に対応し，生産ラインの停止などの悪影響を最小限にできるような態勢を整えることを目指している。いわば自動車業界にとっての「早期警戒システム」だ。前述の通りサプライヤー群の構造もピラミッド型からダイヤモンド型になっているため，共通するサプライヤーが自動車業界全体を支えている構図もあり，業界全体として強靱化に取り組むことは理にかなっている。

一方で，鉄鋼総合商社のメタルワンと日本 IBM は自動車鋼板のサプライチェーン全体でデータを共有するためのプラットフォーム「Metal X」を構築したと 2023 年 3 月に発表した。これは自動車鋼板流通にかかわるサプライチェーン企業を 1 つの企業体と見立て，企業間で同じシステムを使用しデータをシェアすることで，コミュニケーションとオペレーションを効率化・円滑化するデジタルプラットフォームであり，インシデントに対する迅速な対応や，需要変動に対する追随性を高めることに資するものと思われる。

さらに，野村総合研究所は，経済産業省と情報処理推進機構が発行した「サ

プライチェーン上のデータ連携の仕組みに関するガイドライン α 版」をふまえて，サプライチェーン間データ連携基盤のプロトタイプを開発し，2023 年 7 月に発表した。サプライチェーンの強靭化・最適化，そしてカーボンフットプリントを含むトレーサビリティの高度化が主眼だ。

人権問題のスクリーニングや温室効果ガスの排出量可視化などの要請もあり，このような横断型の共通プラットフォーム整備の動きはますます活発化すると考えられ，サプライチェーンマネジメントは業界全体最適の視点から見るものとなり，競争領域から共創領域に変化していくことになるのかもしれない。

# 第**8**章

# 社内外の連携強化

## 連携の重要性

　サプライチェーンを強靭化するにあたって，社内外が連携することが重要であることは言うまでもない。それは，サプライチェーンというものが自社のみで完結せず，常に数多くの人・企業・組織によって構成されているからだ。また，災害や事故が大規模になればなるほど，個社の力で対応するには限界があり，特に発生頻度が低い事象であると費用対効果の面で対策を打つことに二の足を踏んでしまうのは自然なことだ。その意味で，サプライチェーンを構成するステークホルダーが一元化して（＝連携して）取り組み，個社だけではなく複数社でリソースを融通し合うことはサプライチェーンを強くするために有効な手段だと考えられる。

　社内の連携については，BCP（事業継続計画）のなかで初動対応・復旧対応における役割分担や連絡ルートを定めたり，平時での訓練を通じて連携能力を高めたりしておくことが求められる。一方で社外との連携については下記のような形態が考えられる。

## サプライヤーや供給先との連携

- ・事業を継続するのに必要な安全在庫のレベルを設定し，どちらがどれだけ持つかを協議して決定しておく
- ・重点製品と生産再開目標の共有（サプライチェーンBCPの策定）
- ・共同での訓練の実施

　たとえば，1997年にトヨタ自動車のサプライヤー工場において火災が発生した際，トヨタ系サプライヤーの協力組織に加盟する会社を中心として最大80社ほどもの会社が代替生産に協力したケースがある。トヨタ自動車の組織力・統率力があって初めてできることだということもできるが，生産ラインに入る人員を非常時には融通し合うような取り決めをしておいたり，委託生産を受けるといった協力協定を結んでおいたりすることによって，リソースの最適化を図ることは検討に値するのではないだろうか。

## 荷主と物流業者の連携

　事前に下記を協議しておくことで事業継続対応を円滑に進める

- ・可能性のある代替輸送ルートや物流拠点の確認
- ・発災時に代替手段を取る場合の手順やコスト想定
- ・燃料の確保手段の確認
- ・相互緊急連絡体制の構築

## 同業他社との連携

　発災時に相互に助け合うことを定める災害時協力協定を結んだり，一部委託生産を行うことによって共同で冗長化・複線化に取り組んだりする試みなどが考えられる。たとえば，それぞれパッケージング事業を行うA社とB社の事業所が，50キロメートルほど離れたところに立地していると想像してみてほしい。A社は食料品のパッケージングを行い，一方でB社は医薬品のパッケージングを行っている。両社は同じ機械を使用し，月曜日から金曜日まで午前9時から

午後5時まで生産ラインが稼働しており，また倉庫スペースには余裕がある。

このような場合，インシデントの発生によって自社の事業所が被害を受け，稼働が停止した場合，相手の生産ラインを午後5時から朝の9時の間に使用できるとする相互支援協定を結ぶことは，代替の確保を考えるうえで有力なオプションとなる。双方の会社は自前で準備するコストを負うことなく，バックアップの施設を保有できることとなる。もちろん，両社が似通った工程を有しており，さらにお互いに直接競合せず，自然災害などで同じような被害を受けないような適度に離れた距離に立地するといった条件を満たす必要があるのは言うまでもない（こうした他社との連携による冗長化については第9章「冗長化」で再び触れる）。

**行政機関との連携**

平時を想定して定められている法令や条例について，発災時に順守が難しい懸念があるケースについて事前に協議したり，企業側から規制緩和の要請を行ったりといったことが考えられる。

## さまざまな連携の形

連携の事例を1つ挙げると，生活と経済を支えるインフラといえるガソリンなどの石油製品を扱うコスモエネルギーグループでは，製油所からガソリンスタンドまでの「系列サプライチェーンBCP」を構築している。主要3社であるコスモエネルギーホールディングス，コスモ石油，コスモ石油マーケティングの3社が中心となって，大地震・大津波・火山噴火の3つの大災害を想定してBCPを組み上げた。

主要3社では会社の壁を越えて「人事班」「復旧班」などの班を編成しており，被害情報の確認，在庫量や需要の状況に関する調査などの初動対応から，対策を打つ態勢の構築や供給再開方針の策定を行う。さらに3社共同で実際的な

BCP の発動訓練を行い，Microsoft Teams や独自に開発した災害ダッシュボードに情報を集約・共有する仕組みを確立するなど，実効性を高める取り組みにも余念がない。

　さらに，系列外の他社とも災害協定を結んでおり，製油所やガソリンスタンドの早期復旧に向けて，タンクローリー輸送ができる運輸会社と協力する旨を合意しており，各地域の地方自治体とも協力関係を定めている。系列内の複数企業が一体となって対策にあたり，さらに社外の協力も取り付けている理想的な形といえるだろう。

　また，これはサプライヤーマネジメントともいえるが，トヨタ自動車のサプライヤーへの支援と連携については前述の火災での事例も含めて定評がある。2016 年 4 月に熊本地震が発生した際，自動車部品メーカーであるアイシングループのアイシン九州は甚大な被害を受けた。同社からドアチェックという部品の 9 割を調達していたトヨタ自動車では，全国の車両生産ラインのほとんどが稼働停止に追い込まれる事態となってしまった。当然アイシン本社と現地に対策本部が設置されたが，トヨタ自動車は過去の震災対応に当たったベテラン社員をすぐに派遣し支援を開始した。工場内の状況を確認したところ，生産継続や短期間で復旧させることは難しいと判断され，代替生産の方針が決定。トヨタ自動車のサプライヤーを中心として代替先が決定され，金型と設備を移設したうえで代替生産を開始した。こうした動きは，被災したアイシン九州単独でスピーディに行うことは難しく，トヨタ自動車やアイシン本社のリソースをフルに活用したことで初めて実現できたものと考えられる。

　さらに業界全体としての相互支援や共助の取り組みも各所で進んでおり，サプライチェーン強靭化に貢献をしている。たとえば電力やガスといったエネルギー業界では，相互の応援体制がしっかりと整備されており，協働して迅速な復旧にあたる手順が確立されている。また，物流業界では経済産業省がガイドラインを発行し，荷主と物流業者が連携した BCP 策定が進んでいたり，自動

車業界ではサプライヤーの支援に異なる完成車メーカーが共同して従事したりすることが当たり前になってきている。災害などのインシデント発生時に，被災した企業の競合企業や顧客が機会主義的な行動をとらないことが過去の研究でも指摘されており，日本人のそうした道徳観も，共助の取り組みを有効に機能させる要素になっているのかもしれない。

# 第9章

# 冗長化

## サプライチェーンに余裕を持たせる冗長化

　サプライチェーンの冗長化とは，必要とされる機能や設備を余分に確保しておき，インシデントが発生した場合でも事業を継続することができるようにしておくことである。具体的には，在庫の積み増しや，調達の分散化，製造拠点の分散配置，代替調達手段の強化，代替配送ルートの確保などが考えられるアクションとなる。まずはその部材が「代替品調達が難しいか否か」によって冗長化策は二手に分かれる。もし難しい場合には，そのサプライヤーありきの前提で，長期の安定した関係を構築することと，シンプルに在庫を積み増すことが対応策となる。代替品調達が容易な場合には，調達の分散化や代替調達手段の強化を取ることが望ましい。

　冗長化を実行することが簡単でないのは，それが基本的にコストアップにつながってしまう事だという点にある。最終的には効率性と強靭性のジレンマのなかで，事業責任を負うマネジメントレベルでの意思決定が必要となる。

## 在庫の積み増し

　代替調達が難しい場合，それぞれの在庫ポイントにおいて，余分に安全在庫を積んでおくことでサプライチェーンの途絶をカバーすることが冗長化策の1つとなる。ただ闇雲に在庫を増やすだけでは，不要なキャッシュフローの悪化や倉庫費用の増加につながってしまうため，陳腐化リスクが低い，保管コストがかからない，リードタイムが長いといった特性を持つ部材について積み増すべきである。さらに BCP における復旧目標と整合性のとれた標準在庫レベルを設定することで，余計な冗長化とならないように配慮する必要がある。

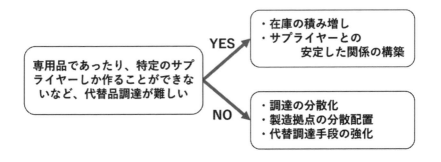

　日本経済新聞の報道によると，2022年10月〜12月期の原材料・貯蔵品の在庫は全産業で30兆円と，コロナ以前より29％増加している。この傾向は特に製造業で顕著で，自動車や付属品，情報通信機械器具はコロナ禍以前の2倍，電気機械器具は82％増加，生産用機械器具は59％増加となった。製造業の売上高に対する原材料・貯蔵品在庫の比率は，1990年以降3％周辺で推移していたが，当該期間では4.9％となっており，1975年以来の高水準となっている。感染症の流行，自然災害の増加，地政学リスクの高まりで企業は危機感を高め，「持たざる経営」つまり効率性の追求から，レジリエンスのために「持つべきものは持つ経営」に移りつつあり，いまもまだ各企業がそのベストバランスを模索している段階なのではないだろうか。

## 分散化と代替調達手段の強化

　インシデントの発生によって特定の場所やサプライヤーからの供給が途絶しても対応できるように，供給元を複数確保しておくことも，冗長化の具体的なアクションとして重要だ。国内に複数拠点を構えるだけではなく，複数の国に拠点を置いてグローバルなサプライチェーンを構築することでもリスクの分散ができるが，その場合はその国における環境（為替・物流コスト・人件費・労働者の熟練度等）に応じて，どの国で何を作るのか，グローバルで最適な生産体制となるような計画が必要となる。また，代替調達手段の強化としては，代替品が生産可能なサプライヤーを調査して協力の協定を結んでおいたり，自社の生産設備を他拠点に移して生産ができるような準備をしておいたりすることで，有事の際の機動力を高めておくことができる。

　分散化において注意したいのは，前述の通り現代のサプライチェーンはダイヤモンド構造をしており，複数サプライヤーを確保したつもりがさらにその上流で特定の企業に集中してしまっているケースがあったり，複数サプライヤーが同じようなエリアに集中しているために同様な自然災害リスクを抱えてしまっているケースがあったりするため，サプライチェーンをさかのぼって分散化が有効に成立しているかどうかを見極める必要があるだろう。

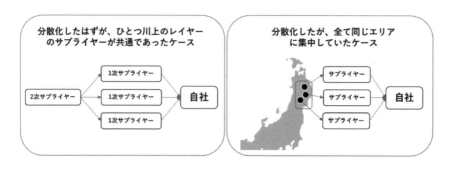

## 冗長化のジレンマと「バーチャル・デュアル化」

　リスクの低減を図るために冗長化を行うのはサプライチェーン強靭化にとって有効な手段であるが，コストアップにつながってしまうのを避けるのは難しい。コストダウンを目的として進めてきたサプライチェーンの効率化・集約化とは逆行する動きとなるため，常にジレンマをはらむことになってしまう。これは「効率性（コスト）」と「強靭性（レジリエンス）」の間のジレンマということができる。

　この二律背反を乗り越える方策として，経営学者の藤本隆宏教授が提唱する「サプライチェーンのバーチャル・デュアル化」という考え方を紹介したい。「サプライチェーンのバーチャル・デュアル化」とは，①加工情報の可搬性を確保すること，②企業間連携によってリソースの最適化準備をしておくことによって，代替生産のハードルをできるだけ下げておくことによって，「リアルには生産ラインは1本だが，いざという時には2本あるも同然」という状態を作り出すことを指す。生産ラインを常時複数（デュアルで）で持つことになればコストが増加してしまうが，バーチャル（仮想的）に持っておくことでコストとレジリエンスの両立を目指すものといえる。

　「加工情報の可搬性」とは，製造するために必要な情報をいつでも別の場所に持っていくことができる性質を指し，この可搬性が高ければ代替生産は容易となる。たとえば人手によるアッセンブル工程であれば，部品と人手を確保する準備を整えておけば，加工情報の可搬性が確保できるため，代替生産を実行に移すことは容易である。

　また，たとえばプレス加工や樹脂射出成型工程では金型に加工情報が具現化されているといえ，金型の搬出やバックアップの用意ができていれば代替生産は難しくない。一方で，半導体や機能性化学品などといった装置産業的な製造工程の場合には，可搬性が非常に低くなり，生産設備ごと代替地に移設して工

程を再現することが必要となるために代替生産のハードルは高くなる。

　自社の工程を考えた時に，加工情報の可搬性を確保することが可能であれば，仮想的に生産ラインを冗長化することで競争力を失わずに強靭性を高めることにつながる「バーチャル・デュアル化」は検討に値するだろう。自社グループ内の他工場や，外部企業と協議・連携をし，お互いに自工場の生産ラインがインシデントによって稼働できなくなった場合に，場所を間借りして生産工程を一時移設したり，工具を融通してもらったりするような約束をしておくことが具体的なアクションとなる。

# 第**10**章

# 設計の変更·標準品化

## 上流からリスクを抑制する

　サプライチェーンを強靭化する目的は，必要なモノを作り続け，届け続けられるようにすることである。そのためには，上流（製品の設計）からリスクを抑制していくというアプローチも考えうる。

　東日本大震災においてサプライチェーンが長期間に渡って途絶・混乱した原因の１つに，特注品や部品点数の多さが指摘されている。海外メーカーが量産効果を狙って汎用品を積極的に求めるのに対して，日本のメーカーは自社固有の仕様や機能にこだわる傾向があるといわれており，標準化が比較的遅れているとされる。サプライヤー側にとっても，専用品は少量多品種生産となり収益性を上げることは難しいが，他社に簡単にスイッチされないというメリットがあることも，専用品に重きをおく商習慣を後押しした背景としてあるようだ。

　東日本大震災後はコストの観点からではなく，代替調達手段の確保や製造拠点の分散のしやすさなど，リスク管理面からの要請によって専用品から標準品・汎用品への切り替えの動きが活発になっており，完成品メーカーとサプライヤーが協力して専用品点数を見直したり，官民連携で部品の共通化を推進したり

する動きもある。

　レジリエンス強化のための設計変更を行い，標準品化を推し進めるには，自社の競争優位や付加価値に貢献しない専用品を極小化することで設計を最適化することが求められる。自社製品の競争領域と非競争領域のゾーニングをしっかりと行って，専用品は競争領域に投入するのにとどめる必要がある。また，汎用品を使っても競争優位を出せるように，サービスを組み合わせることで独自性を生み出すといったアプローチも考えられる。

　また，中間品をできる限り標準化することによって，最終加工を前線化する（消費地に近いところで完成させる）ことも有効で，代替調達のハードルを下げることに資するだろう。さらに，セールス・マーケティングの面から，SKU数を最適化し，最小のSKUで最大の売上を上げるようにする取り組みも，上流からのリスク抑制アプローチに含まれよう。

## エンジニアリングチェーンとの調和

　こうした設計段階からサプライチェーンの強靱性を考慮しておくことは，サプライチェーンとエンジニアリングチェーンを調和させることを意味するが，これもまた事業責任を持つ上級マネジメントの意思決定が必要な，全体最適目線での施策といえる。サプライチェーンの効率化・強靱化を視野に入れながら，研究開発から商品企画・設計・試作・生産の準備までを進めていくことでビジネスのレジリエンスを高めることができる。

　これを実現するために何が課題となっているだろうか。キャディ株式会社が2022年8月19日～23日にかけて，製造業の経営層や調達・購買担当者等を対象に行った，「地政学リスクによる製造業（食品・繊維・化学は除く）サプライチェーン・調達への影響調査」によると，調達難に対して「代替品への切り替

えや仕様変更」を実行するにあたってハードルがあるか聞いたところ，9割超が「ある」と回答し，その内訳（複数回答）として「設計・原価企画など社内の関連部署との協働・連携」を挙げた回答者が59.3%となり最も多かった。このことから，部署や役割を越えた社内の連携について課題がある企業が多いものと推察される。すでに述べた事業責任を持つマネジメントが関与することや，社内横断的な組織を立ち上げることでサプライチェーンとエンジニアリングチェーンを結び付け，調和させることが，サプライチェーンの強靭化につながっていくと思われる。

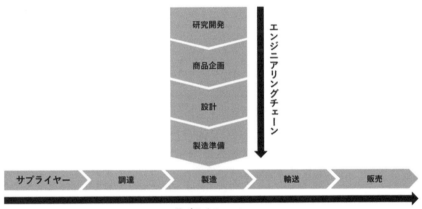

# 第6部

# リスクモニタリング

# 第1章

# リスクモニタリングの重要性

## インシデント（危機事象）を覚知する

　サプライチェーン強靭化の具体策のなかでも特に大切なリスクモニタリングについて、部を改めてここで解説する。第4部 第3章「リスクの分析・評価」を通して、自社が気を付けるべきリスク事象を特定することができたならば、次に平常時に自社のサプライチェーンとそれを取り囲むリスクの動向をモニタリングすることが決定的に重要になる。インシデントの発生を早期に覚知したり、可能であれば予兆を検知して準備態勢を取ったりすることで、被害を防ぐことや、初期対応・復旧対応を迅速かつ有効に行えることにつながるからだ。

　第5部 第7章「サプライチェーン情報基盤の整備」において、企業がインシデント対応において抱えている課題を2つ挙げた。
① 　自社のサプライチェーンに影響のあるインシデントの発生をリアルタイムで覚知することが難しい
② 　インシデントが自社のどの製品に対して影響があるのかを即座に特定することが難しい
サプライチェーンに影響を与えうるインシデントは日々、世界中で起きてい

るが，その発生を覚知するのに報道の情報を待っていたのでは，事態が悪化してしまうことも考えうる。報道では限られた時間や紙面を埋めるのに，ニュースバリューに応じた情報の選別が行われており，一企業にとっては重要でも世間一般にとってはそうではない，たとえば山奥の工場における人的被害のない火災などはカバーされない可能性が高い。自社に影響のある情報を確実にとらえて，かつそれが自社のサプライチェーンのどこに影響を及ぼしうるのかを知ることができれば，サプライチェーンを止めずに守ることや，他社に先んじた対応を行うことが可能になる。

　下の図は，モニタリングを適切に行っていないA社と，行っているB社の対応の違いを比較したものだ。インシデントが発生後，それをすぐに覚知することができ，かつ自社のサプライチェーンの情報が整理・可視化されていれば，迅速に自社への影響評価を行って初期対応をとることが可能だ。迅速な復旧は顧客からの信頼を勝ち取ることにつながる。

　一方で，A社の場合にはまずインシデントを覚知することに時間がかかってしまい，報道や取引先からの連絡で初めて知ることとなり，その後の対応も後手に回ることになる。結果として，代替策を実行したり，または納入遅延や復旧までの計画を顧客に連絡したりすることに遅れが生じ，競合からも後れを取ることにつながってしまうのである。

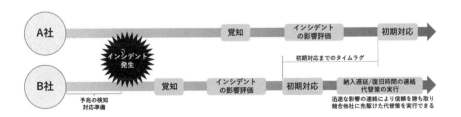

## 迅速な覚知の事例

弊社（スペクティ）は，SNS情報をメインの情報ソースとして，さらに他のさまざまな情報を掛け合わせてインデントの発生を覚知し，被害情報を可視化するソリューションを提供している。過去に，このソリューションを活用してインシデントの早期覚知が実現できた事例をいくつか紹介したい。

### 半導体工場での火災事故

2020年10月，旭化成マイクロシステムズの延岡工場で大規模な火災が発生した。この工場は，自動車センサーや音響関連機器などに広く使用されるLSIを製造していた関係から，多くの企業の生産計画に大きな影響を与えることとなった。マスメディアがこの火災を大きく報じたのは，発生から約10時間が経過してからだったため，発災と同時にこれを覚知した企業は迅速にその影響範囲を確認することができ，そのうえで対応策を検討したり，自社の顧客への連絡にとりかかったりすることができた。

製品によっては，被災企業の在庫の中から一定量を自社向けに割り当ててもらったり，代替サプライヤーと交渉して生産キャパシティを確保したりというアクションも考えられる。代替のリソースは当然に有限であり，こうしたケースでは「早い者勝ち」になることが多々あるのが現実だ。

### スエズ運河でのコンテナ船座礁事故

2021年3月，スエズ運河でコンテナ船が座礁事故を起こし，1週間に渡って通航が不能となる事態が発生した。この事故について欧州の報道機関が英語のニュースを伝えたのは発生から約6時間後，日本の報道機関が日本語でニュースが伝えたのは，さらにその約6時間後だった。アジアと欧州をつなぐメインの航路，まさにチョークポイントで発生したこの事故を迅速に覚知することで，スエズ運河経由を予定している出荷を一旦止めて代替ルートの船を確保したり，

納入先にスケジュールの変更を連絡したり，欠品のペナルティを受けそうな場合は一部を航空便に振り替えたりするなどの対応をすぐに取ることが可能になる。ちょうど新型コロナウイルス感染症の流行で，コンテナ輸送のキャパシティが逼迫していたため，代替便の確保は容易ではなく，少しの覚知の遅れが大幅な納入の遅れにつながった事例である。

### 中国の寧波舟山港の部分閉鎖

2021年8月，コンテナターミナルの作業員1名が新型コロナウイルスに感染したことが確認され，感染者が出た寧波舟山港・梅山埠頭が同日午前3時半から閉鎖されることとなった。寧波舟山港は，世界有数のコンテナ取扱量を誇り，華東地区は上海港と並ぶコンテナ物流の重要拠点である。そのコンテナ取り扱いの20%をさばく梅山埠頭の閉鎖と，港全体の防疫対策強化によって貨物の積み下ろし作業の効率が大幅に低下したことによって，入港待ちのコンテナ船が大量に滞留してしまう事態となった。本件も早く覚知すればするほど代替の輸送手段を確保するなどのアクションを早期に取ることができた事例である。

たとえば自社の工場や物流拠点でインシデントが発生する場合には，監視カメラやセンサーなどを整備し，非常時の連絡網と取るべき対応を決めておくことで，早期覚知が可能であろう。しかしサプライチェーンの場合にはサプライヤー，物流事業者，輸送機関など関係するステークホルダーの数が膨大である。サプライチェーン全体をモニタリングする体制を充実させ，影響のある可能性があるインシデントをしっかりと早期覚知することが非常に重要である。

# 第2章

# 組織体制

## 全体視点でサプライチェーンを機能させる

　サプライチェーンのリスクをモニタリングし，対応するためにはどのような組織や体制が必要であろうか。これまでのサプライチェーンを司るシステムは，調達については調達部が，生産と生産物流は生産管理部が，販売は物流部が，といった形でプロセスの途中で分断され，サイロ化されていることが一般的だった。「サプライチェーン全体を一貫してみなければならない」という意識から，「SCM部門」のような部署を創設する企業が2000年代に入ってから増えたものの，全体最適の目で見るのはサプライチェーンの企画系業務のみに留まり，日常のオペレーションである計画系・実行系については旧来の役割分担のままの企業も多く見受けられる。

　安定した環境下ではこうした体制でも問題はないが，サイロ化され，組織の間でデータが分断された状態であると，リスクが顕在化した際に全体最適の視点から意思決定することや，刻一刻と変わっていく環境変化に追随し，適応していくことが難しくなってしまう。

　通商白書2023に掲載されている，ノムラ・リサーチ・インスティテュート・シンガポールが2022年に行った「我が国企業の海外展開の実態及び課題に係

るアンケート調査（2022年度）」によれば，回答した製造業361社のうち，「各拠点，社内の部門においてもリスク把握，対応検討ができていない」としたのは9.7%と少なかったものの，逆に「全社的に情報共有・対応検討を行う体制が構築されている」と回答したのは32.1%で，その中間である「全社的に情報共有・対応検討を行う体制が構築されておらず，各拠点や社内の部門ごとのリスク把握・対応検討にとどまっている」との回答が6割近い58.2%を占めた。サプライチェーンは一連の流れであるにもかかわらず，サイロ化され，全体視点が欠けた組織体制になっている実態が浮かびあがっている。

　そのため，昨今は「サプライチェーン・コントロールタワー」と呼ばれるようなソリューションの採用が進んでいる。サプライチェーン・コントロールタワーとは，サプライチェーンをエンド・ツー・エンドで可視化し，データをリアルタイムで収集・解析し，オペレーションを監視できるダッシュボードを備えたITシステムのことをいう。主に外資系企業がシェアを握っており，市場調査会社 Report Ocean Co. Ltd.の予測によれば，市場規模は，2022年から2030年までで18.7%の複合年間成長率（CAGR）で成長し，2030年には世界で261億9000万米ドルに達するとされている。

　こうしたシステムを取り入れて体制を整えることは1つの解ではあるが，繰り返しになるが大切なことは全体最適の視点を持ってサプライチェーンをマネジメントすることである。筆者が思う日本企業における問題点は，これまではサプライチェーンの「戦略レイヤー」は経営企画部などが担い，「オペレーションレイヤー」である計画・実行を調達・生産・物流部門といった現場が担う形で，戦略と計画・実行が分離していたがために，全体最適の視点やリアルタイムでの変化への対応に弱いことだと考えている。
　この戦略とオペレーションの2つのレイヤーを合わせて見つつ対応を行うことができる，真の意味での「SCM部門」を立ち上げて，機能させることが肝要である。サプライチェーンは顧客に価値を届けるための企業の背骨であり，

「戦略を立てたのであとはオペレーションレイヤーでよろしく」ではなく，全社視点で機能させることが強靭化につながっていくのではないだろうか。サプライチェーン・コントロールタワーはそれを実現するための有効なツールの1つである。

## リスク監視の組織

全体視点という意味では，企業のリスクを統合的・戦略的にマネジメントするERM（Enterprise Risk Management：全社的リスクマネジメント）のアプローチも有効である。全社横断の組織をもち，サプライチェーンを含めた企業を取り囲むリスク全体をその守備範囲とすることで，異なるリスク同士でその重要度を比較評価し，どれに対応するかの優先順位を決定することが容易になる。

危機管理について先進的な取り組みをしている日産自動車では，CSO（チーフ・サステナビリティ・オフィサー）という役職を作り，その下に「危機管理＆セキュリティオフィス」という部署を置いている。この組織は災害・操業系のリスクを管理することをそのミッションとしており，当然にサプライチェーンもその対象に含まれるが，メンバーは経営企画・コンプライアンス・法務・広報・財務・品質・マーケティングなど全社横断的に構成されており，横串でのチェック機能が効く形になっている。

このような組織体制で，重大化する懸念のあるリスクを漏れなく吸い上げるとともに，全社的な視点からの意思決定が可能となっており，必要に応じてCEOの指揮のもとに動く体制となっている。

こうした組織体制で全体最適の視点からリスクを監視することが，今後より主流になっていくのではないだろうか。

## 国際的リスクを監視する

　自然災害や火災・事故といった「災害リスク」について監視することについては，イメージがつきやすいと思うが，地政学リスクやカントリーリスクといった「国際的リスク」については，発生している事象と，自社に与える影響との間に距離があることから，災害リスクと同じような体制で監視するのではおぼつかない。

　具体的には，自社がかかえるリスクを整理したうえで，目まぐるしく変わっていく国際情勢や，各国の政策動向などを読み解くような「インテリジェンス機能」が必要となる。それができて初めて，事象と自社への影響の間を埋めることが可能になるのだ。そして，リスクを主管する部門は，海外諸国の規制については輸出管理部門，外資規制については財務部門，人権問題や禁輸措置などについてはコンプライアンス部門などと多岐にわたることが考えられ，漏れなくリスク監視を行うために適切な連携をとるには，前述の全社的リスクマネジメントのアプローチが必要になろう。

　こうした背景を受けて，高まる国際リスクを見すえた組織を立ち上げる企業が増えている。中国やロシアで原料を生産・調達している三菱ケミカルグループは，地政学リスクを含めた全社的なリスク管理を行う新しい組織を立ち上げ，さらに品質保証を担当する部署に経済安全保障上の課題に対処する「安全保障推進部」を設置した。また，日立製作所では全世界に潜むリスクに関する情報を本社に集める体制を整えるため，社長自らが議長を務める「リスクマネジメント会議」を発足するとともに，国家間紛争や環境規制の強化までをチェックする「経済安全保障室」を置いた。

　一方で自動車部品大手のデンソーでも，輸出管理・調達・サイバーセキュリティなど各分野から精鋭を集めて「経済安全保障室」を設置。政府関係機関や在外公館，その他社内専門機関とも連携のうえで，自社に影響を与えうる国際

情勢の変化などにアンテナを張っている。これらすべての動きに共通していえるのは，どこか1つの部署やファンクションにリスク管理を任せるのではなく，全社的な視点を持って組織を編成していることと，経済安保という新しいリスク分野について自社で人材を育てようとしていることだ。後者については，社外から一般的な国際情勢に関する情報を仕入れるのでは事足りず，自社の戦略や置かれた状況を熟知したうえで情報を分析しなければ意味がないということを反映しているのかもしれない。

第 **3** 章

# リスク監視の具体策

## 災害リスクのモニタリング

　災害リスクについてはどのようにモニタリングを行うべきだろうか。

　第3部 第1章「リスクの分類」で解説した通り，インシデントには突然発生する突発型のものと，徐々にエスカレートして影響を及ぼす進行型のものがある。進行型インシデントについては，刻一刻と変わる状況をモニタリングし，リスクの高まりを把握したうえで対応を決定する必要があり，そのためのツールを準備しておくべきだ。たとえば，頻繁に発生する大雨とそれに起因した水害は，代表的な進行型インシデントの1つであるが，気象庁ではさまざまな気象現象をモニタリングするツールを数多く用意している。

　なかでも便利なものが「キキクル」(https://www.jma.go.jp/bosai/risk/) だ。これは大雨による災害発生のリスクの高まりを確認できるウェブサイトで，土砂災害・浸水害・洪水災害の3つについて，マップ上で危険度が5段階で色分け表示されるものである。予測については，土砂キキクルは2時間先まで，浸水キキクルは1時間先まで，洪水キキクルは3時間先まで見ることができる。

　従来の気象庁が発信する警報・注意報は，基本的に市町村単位で発されるも

のだが，キキクルではもっと細かいメッシュ単位で表示されるため，自社に影響がある地点でのリスクの高まりをピンポイントで確認することができるのが特徴だ。キキクルを含め，災害リスクのモニタリングに活用できるウェブサイトをこの第6部の最後に紹介するのでご参照いただきたい。大切なことは，自社のサプライチェーンを取り囲むリスクを監視する最適なツールを準備しておき，いつでも使えるようにしておくことである。

出所：気象庁ウェブサイト

## タイムラインの活用

リスクの高まりを検知するツールを用意していたとしても，取るべきアクションを決めていなければ，効率的に動くことはできない。この場合に活用すべきものが「タイムライン」だ。

タイムラインとは，災害の発生を前提として，それが迫ってきた際に「どのタイミングで」「誰が」「どんな行動をする」べきかを時系列に整理してまとめた計画をいう。特に進行型のインシデント（水害・台風・雪害・感染症など）については，タイムラインを策定することで効率的に行動することができるようになる。2012年に米国に甚大な被害をもたらしたハリケーン「サンディ」が上陸した際には，ニュージャージー州がタイムラインを活用して避難対策を行い，被害を最小限に食い止めたことから注目され，日本でも自治体を中心に整

備が進んでいる。

　下図は，国土交通省の作成した「大規模災害に関するタイムライン」だ。左端に，台風が迫りくる時間軸が示されており，それぞれのタイミングで発生するであろう事象や災害が列挙されている。それに対し，「誰が，何をするのか」を図の右側で想定・計画している。昨今，台風が接近した時など，鉄道会社が積極的に計画運休をする動きが広まりつつあるが，これも国土交通省のリードで各社がタイムラインを策定したことに基づくものだ。

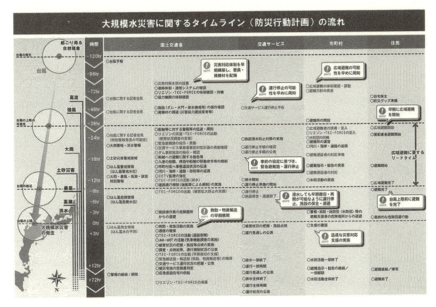

出所：国土交通省ウェブサイト

タイムライン策定のメリットとして以下の3つを挙げることができる
① 後手に回るのではなく，災害発生時に先を見越した行動をとることができる
② 行動を起こすべきっかけの事象（トリガー）を決めておくことで，人間が持ちがちなバイアス（まだ大丈夫だと思い込む「正常性バイアス」など）に惑わされず意思決定することができる

③ 意思決定責任を明確にするとともに，取るべき行動が抜けてしまうこと
を防ぐことができる

## 突発型インシデント

　一方で，地震や火災・事故などの突発的インシデントについては，その発生
を予測することは難しいため，第4部 第3章「リスクの分析・評価」で解説し
たように事前にどこにリスクがあるかを認識し，BCP（事業継続計画）で発生
後にどのようなアクションをとるのかを計画しておくことを前提としつつ，発
生後の現場の状況をいかに正確かつ迅速に把握できるかどうかが最重要となる。
報道機関の情報に頼らず，自社のサプライチェーンへの影響を可視化すること
は簡単ではないが，弊社スペクティが提供している「Spectee Pro」は，SNSへ
の投稿されたテキストや画像をメインの情報ソースとしており，速報性と可視
性の点で高い評価を得ている。

　また，すでに紹介した「タイムライン」は，進行型インデントだけではなく
突発型インシデントに対しても活用することができる。たとえば地震発生後の
人命救助のために重要な「72時間」を意識しつつ，いつまでに何を行わなけれ
ばならないかについて定めておく等，インシデント発生後の行動をタイムライ
ンとして策定しておくことは有効である。パニックになりがちな状況にあって
も，抜け漏れなく対応ができるということの価値は大きい。

## 国際的リスクをモニタリングするには

　災害リスクについては，たとえば地震によって製造事業所で生産ラインがダ
メージを受けたり，水害によって物流拠点が水没して在庫が駄目になったりす

るなど，インシデントと自社への影響の因果関係が明白だ。しかし国際的リスクについていうと，何をモニタリングすればいいのか，対象が漠然としている。そのため，自社に影響を与える可能性のあるリスクをピックアップし，シナリオ想定を行ったうえで，モニターするべきトリガーを定めるという作業が必要となる。

　ここでは例として，米中対立の深化という地政学リスクについて検討を加えることとする。たとえば，通信機器の世界では米国が中国製の通信機器を排除する法律を作り，米中の二極化がすでに起こっている。ついては，自社が扱っている電池製品に関するテクノロジーのバリューチェーンにおいても，同様のことが起こるかもしれない。そこで現在の状況から，今後起こりうるシナリオを複数考えてみるという作業を行う必要がある。

　シナリオが想定できたら，それらのシナリオが実現した場合に，自社にどのような影響が及ぶかを分析し，かつ，どのようなイベントが発生すると自社のサプライチェーンに決定的な影響がでるのかを考察する。このイベントを「トリガー」と呼ぶ。たとえば，「米国が新しい法規制を導入し，中国発の電池テクノロジーが排除される」というトリガーが引かれると，事業継続のためには自社の製品設計を大幅に修正したり，最終市場に合わせて生産場所を移転・重複化したりすることが必要となる可能性が出てくる。

　このように具体的なきっかけ事象（＝トリガー）にまでシナリオを活用して落とし込んでおけば，そのあとはこのトリガーについて，各国の報道やシンクタンクのレポートなどを活用してモニタリングすることが可能となる。下図では，気候危機の進展によって規制が導入されるケースを例示している。

# 第4章

# リスク情報の参考サイト

## 国内災害情報

◇ 気象庁「防災情報」

https://www.jma.go.jp/jma/menu/menuflash.html

　「キキクル」「雨雲の動き」を含め，警報・注意報や地震や津波に関する情報など，気象庁が提供する防災に関する膨大な情報にアクセスできるサイト。

◇ 気象庁「キキクル」

https://www.jma.go.jp/bosai/risk/

　大雨による土砂災害/浸水害/洪水災害の危険度の高まりを，地図上でリアルタイムに確認できるシステム。危険度が5段階で色分けされて表示される。

◇ 気象庁「雨雲の動き」

https://www.jma.go.jp/bosai/nowc/

　気象庁が提供する短期間予報サイト。「雨雲の動き」「雷活動度」「竜巻発生確度」「アメダス10分間雨量」「前5分の雷の状況」「線状降水帯」について見ることができる。

第4章 リスク情報の参考サイト　　213

◇ 川の防災情報（国土交通省）

https://www.river.go.jp/index

　国土交通省が運営するサイトで，大雨などの際に，雨や川の水位の状況などをリアルタイムに入手することができる。

◇ tenki.jp 雨雲レーダー（実況）

https://tenki.jp/radar/

　日本気象協会が提供する雨雲レーダーのサイト。現在どこでどのくらいの強さの雨が降っているのかに加え，60分後までの詳細な予報も見ることができる。

◇ 地震本部「地震に関する評価」

https://www.jishin.go.jp/evaluation/

　阪神・淡路大震災の経験を活かし，地震に関する調査研究の成果を社会に伝え，地震対策を政府として一元的に推進するために作られた組織によるサイトで，各種地震の発生確率や，どのくらいの揺れに見舞われるかを予測評価した結果などを確認することができる。

◇ Yahoo! 天気・災害

https://weather.yahoo.co.jp/weather/

　ヤフーの運営する天気・災害に関する情報の配信サービス。アプリを入れておけば，「キキクル」の情報をはじめ，迫る災害の情報をプッシュ通知で受け取ることができる。

◇ 北の道ナビ 吹雪の視界情報

http://northern-road.jp/navi/touge/fubuki.htm

　国立研究開発法人 土木研究所・寒地土木研究所の運用するサイトで，各地の視界情報をライブカメラの映像とともに確認でき，今後24時間後までの予測を知ることも可能。

## グローバル災害情報

◇ Joint Typhoon Warning Center

https://www.metoc.navy.mil/jtwc/jtwc.html

　米国の海軍と空軍が共同で設置した機関が運営するサイトで，太平洋とインド洋で発生する熱帯低気圧・台風・サイクロンを監視している。

◇ National Hurricane Center

https://www.nhc.noaa.gov/

　アメリカ国立気象局の運営する組織で，大西洋及び太平洋におけるハリケーンのリアルタイムな情報と予測を確認することができる。

◇ Volcano Discovery

https://www.volcanodiscovery.com/home.html

　世界中の火山に関する情報を得られるサイトで，現在噴火している火山を地図上で確認することができる。

◇ Latest Earthquake

https://earthquake.usgs.gov/earthquakes/map

　アメリカ地質調査所（USGS）が運営するサイトで，世界中で発生した地震の場所とマグニチュードを知ることができる。

◇ DisasterAlert

https://disasteralert.pdc.org/disasteralert/

　ハワイにある米国の防災研究機関 Pacific Disaster Center が運営する，世界中で起きている災害を知らせるマップとサービス。現在発生している18種類の災害やハリケーンなどが地図上に表示される。

◇ CALFIRE

https://www.fire.ca.gov/

　山火事の多い米国カリフォルニア州の森林保護防火局のサイトで，現在発生している山火事の状況を確認することができる。


## グローバル危機管理情報

◇ 海外安全ホームページ（外務省）

https://www.anzen.mofa.go.jp/

　地域・国別の危険情報を確認することができる。また，海外渡航時に「たびレジ」に登録しておけば当該国における危険情報がメールで届けられる。


◇ 海外安全.jp

https://kaigaianzen.jp/

　海外安全に関するコンサルタントによる，世界治安情勢の専門サイト。リスクが高まるイベントに関するカレンダーや各国の最新治安情勢などの情報が得られる。


◇ JETRO 地域・分析レポート

https://www.jetro.go.jp/biz/areareports/

　地域ごとにさまざまな視点から分析されたレポートが掲載されており，地政学リスクをつかむのに有用な情報が多く得られる。


◇ Worldwide Governance Indicators

https://databank.worldbank.org/source/worldwide-governance-indicators

　世界銀行グループが各国・地域のガバナンスを「腐敗コントロール」「効果的な政府運営」「政治的安定性と無暴力」「規制の質」「法の支配」「声

とアカウンタビリティ」の6つの観点で評価した調査レポート。

◇ Emergency and Disaster Information Service

https://rsoe-edis.org/eventMap

　ハンガリーのRSOEという組織が運営するサイトで，世界中で起きている
インシデントを，マップ上またはリストで確認することができる。

◇ 平和度指数マップ

https://www.visionofhumanity.org/maps/

　Vision of Humanityという組織が作成しているもので，国ごとの平和度，
殺人件数，武器へのアクセスのしやすさ，政治の安定度など数多くの指標を
提供している。

◇ 厚生労働省 検疫所「FORTH」

https://www.forth.go.jp/index.html

　海外における感染症の流行に関する最新情報や，適切な予防法などの情報
を入手することができる。

◇ Flightradar24

https://www.flightradar24.com/

　飛行中の民間航空機の現在位置をリアルタイムに表示するウェブサイト
で，膨大な数の飛行機の位置を確認することができる。異常が発生した航空
機は赤色で表示される。

◇ MarineTraffic

https://www.marinetraffic.com/

　Flightrader24の船舶版で，船舶の動きや現在どこにいるかなどの位置情報
をリアルタイムで確認することができるサービス。

◇ 海外政府機関による国別安全情報サイト

　日本の外務省と見方が異なることもあり，多角的に情報を収集する際に有用である。

・米国　国務省

https://travel.state.gov/content/travel/en/traveladvisories/traveladvisories.html/

・英国　外務・英連邦省

https://www.gov.uk/foreign-travel-advice#noTravelAll

・カナダ　国際関係省

https://travel.gc.ca/travelling/advisories

・オーストラリア　外務・通産省

https://www.smartraveller.gov.au/

第 **7** 部

# 未来を作る
# "強い"サプライチェーン

## サプライチェーンの未来像

　最後にこの第7部では，強靭化という側面に限らず，今後どのようにサプライチェーンが発展していくべきかの未来像について考察したい。

　変化の激しいこの時代にあって，多くのコンサルタントや IT サービス事業者が今後のサプライチェーンについてさまざまなビジョンやコンセプトを描いているが，その本質は似通っている。たとえばアダプティブ（適合型）・サプライチェーン，ダイナミック（動的）・サプライチェーン，アジャイル（機敏な）・サプライチェーンなどのコンセプトが挙げられているが，これらはいずれも，変化していく状況に対して適応し，柔軟に変化していくことができるサプライチェーンを志向している。

　現在われわれが持つサプライチェーンは，硬直的な構造を持っている。効率とスピードを求めてリーンな（無駄のない）サプライチェーンを追求してきたからだ。日本企業が得意とする JIT（ジャスト・イン・タイム）はその究極の形の1つといえるであろう。しかし無駄のない構造というものは変化に弱い。変化を受容するだけの余白がないからだ。かといって変化が多い時代に合わせていたずらに余白を多くしたのでは，コスト競争力を上げることはできない。

　これに対する1つの解が，リーンでありつつも，状況に適応して変化していくことができるサプライチェーン，というコンセプトである。市場における需要の急激な変動，顧客や取引先の行動の変容，新しい規制やルールの導入，製造や調達における新しい制約の出現，そしてサプライチェーンを阻害するインシデントの発生など，絶えず変化する内的・外的な状況に対し，固定的な構造を維持したうえで対処するのではなく，即座に新たな調達先や製造拠点を追加したり，これまでとは違う物流ルートに切り替えたりするなど，自らのサプライチェーン構造を変化させていけることこそが，サプライチェーンにおけるレ

ジリエンスだということができる。

　生物の世界では環境に適応できる種だけが生き残ってきた。それはビジネスでも同じである。写真フィルムで一時代を築いたイーストマン・コダックは環境変化に抗った結果破綻してしまった。一方で富士フィルムは，核となる技術は大切にしつつ，医薬・半導体企業へと自らを革新することで，フィルムカメラからデジタルカメラへの移行という時代の荒波を生き抜いた。変化に適応する，ということがレジリエンスの本質であるといえる。

　ゆっくりとした時代の変化には同じようなスピードで徐々に対応していけばよい。しかし，危機の時代にはもっと短期間で大きな環境変化が起こることが確実だ。固定的な構造で効率化を極めていたのでは，急激な変化についていくことはできず，時に企業が生き残るうえでの重石となってしまう。これがサプライチェーンというものを本質的に考え直さなければいけない背景である。

　変化に適応できること。それがサプライチェーン全体の未来でもあり，強靭化の未来でもある。

## サプライチェーンDX を起こすには

　変化に適応できるサプライチェーンを構築するには，DX（デジタル・トランスフォーメーション）を実行し，デジタルテクノロジーを活用した革新を起こす必要がある。DX という言葉はいま日本中でもてはやされているが，サプライチェーンの領域においてはあまり進展していないのが現状ではないだろうか。

　その原因の1つは，日本の製造業を支えている業務システムが，長年にわたる現場でのカイゼンによってきめ細やかに作りこまれており，属人的な部分が少なくないことにある。つまり上からではなく，ボトムアップで作り上げられ

たエコシステムであり，全体最適の視点が弱いのが現在の日本のサプライチェーンなのだ。また，日本の製造業はサプライヤーを含む各種のステークホルダーと強固な関係性を築き，現場でのすり合わせと調整によってコスト低減や高品質などの付加価値を積み上げてきた。これを一回ご破算にしたうえで全体最適のシステムに刷新することに多大な抵抗が生じることは想像に難くない。

これを乗り超えるには，サプライチェーンマネジメントを，優秀な現場のオペレーションに任せてしまうのではなく，全社的な戦略の視点で見つめ直すことが必要だ。変化に適応できるサプライチェーンを作り上げるには，社内外のエコシステムの全体最適化を業務横断で実施する必要があるため，トップマネジメントの目が届く範囲において戦略的な舵取りを行うことが重要である。

下図は令和2年度のものづくり白書からの引用であるが，ロジスティクスやサプライチェーンマネジメント（SCM）への課題意識として「ロジスティクスやSCMを経営戦略にすること」を挙げている企業が22.7%にのぼっていた。これは逆にいえば，SCMを戦略という視点でとらえていないということの証左でもある。

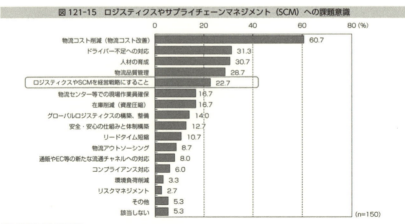

出所：経済産業省「令和2年度ものづくり基盤技術の振興施策」（ものづくり白書）

SCMをオペレーションレベルから戦略レベルに引き上げ，全体最適でDXを行うにはどうすればいいか。その答えは「サプライチェーン設計系の強化」である。SCMの仕事は大きく3つのレイヤーに分けることができる。1つは実行系であり，モノを確実に供給することで売上を最大化することが目的となる。次は計画系で，サプライチェーンにおける生産・販売・在庫などの計画を立てることで在庫の最適化を図って営業利益を最大化することが目的となる。そして設計系は，サプライチェーン全体の設計を考えて，ROI（投資収益率）の最大化やCCC（キャッシュ・コンバージョン・サイクル）の最小化を目指す。

日本の製造業では，現場の人間の優秀さやきめ細やかなすり合わせが得意なことから，計画系および実行系については伝統的に強みとしてきたといえるであろう。しかし，前述の通り，ボトムアップのアプローチでは環境変化に対して臨機応変に設計を変えて対応していくことは難しい。今後は日本企業においても，設計系を強化することで変化への適応力を上げていく必要がある。

　SCMとは，本来は企業内の複数の業務や，社内外を連携させて全体最適を実現するための経営手法である。しかし長年の取り組みのなかで，「SCMは現場でのコスト削減手法である」と，その存在意義が矮小化されてはいないだろうか？今こそ本来の意義に立ち戻り，経営層がSCMにコミットしていくことが前提として必要になろう。

　具体的には，SCMのためのコントロールタワーを社内に持つべきである。このコントロールタワーにはあらゆる情報（サプライチェーンの構造，コスト情報，動的な活動情報，生産能力・調達能力やリードタイムといった制約条件，拠点や製品に関する基礎的な情報，危機情報など）が集まり，サプライチェーンの構造と活動が可視化される。

　そして，需給の調整にとどまらず，リスク情報の収集・分析・評価といったインテリジェンス機能や，それに基づくシナリオ分析の機能を持ち，覚知した変化や変化の予兆に基づいてサプライヤーや生産地域，使用する物流拠点を切

り替えたり追加したりするといった役割を担うべきだ。たとえばフランスの自動車メーカーであるルノーは、現在サプライチェーン改革に取り組んでおり、世界中の6,000のサプライヤーや39の工場のオペレーションデータについてのコントロールタワーを設置。上流から下流までをデジタル化で可視化したうえでさまざまな部門や企業のデータを集約し、リスクの予測と対応の迅速化に取り組んでいる。

　DX、つまりデジタル技術を活用した革新を実行することで、以前は難しかったデータの収集が可能になり、コントロールタワーを自社内に確立することのハードルは確実に低くなってきている。そして、このようなコントロールタワーを持つことが、変化に適応できるアジリティ（敏捷性）を得ることにつながるだろう。デジタル・ディスラプター戦略で有名なIMDのマイケル・ウェイド教授は、デジタル時代には戦略そのものが重要なのではなく、変化に対応するために素早く戦略を調整する力＝アジリティこそが重要であると述べている。

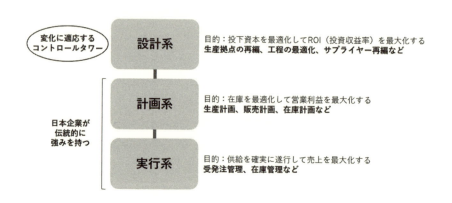

## デジタルツインでサプライチェーンを可視化する

コントロールタワーがデータを収集し，サプライチェーン全体を可視化する。それを実現するための技術として「デジタルツイン」が注目されている。デジタルツインとは，現実の世界から収集したさまざまなデータを，まるで双子（ツイン）であるかのように，コンピュータ上で再現する技術のことを指す。サプライチェーンのあらゆるポイントからリアルタイムでデータが得られることで，在庫の偏りがないか，どこかでリスクが高まっていないかといった情報をリアルタイムで確認することができ，未来のサプライチェーンのコントロールタワーに不可欠な要素となるはずだ。

現在のサプライチェーンマネジメントの問題は，サプライチェーンが本来流動的なものであるのにもかかわらず，その変化に対するアクションが早くて日次，発注量などは月次でのアップデートに留まるケースが多いということである。サプライチェーンにかかわる業務活動（生産・調達・物流など）は，ステータスが刻一刻と変わっていき，それらに付随するリスクやその発生確率，事業へのインパクトといったものもそれに応じて変わっていく。

これをリアルタイムで可視化することでリスクを最小限に抑制することができる。ダッシュボードのような形で変わりゆくさまざまな指標を確認したり，リアルタイムのリスク情報を地理空間情報と重ねて分析したりといったことが，デジタルツインを活用すれば実現可能となる。

## サプライチェーンは自律駆動へ

デジタルツイン上にサプライチェーンにおけるさまざまなデータを集め，解析し，変化に適応していく。これが目指すべきサプライチェーンの未来像であ

ろう。この「データを収集し，解析する」という部分についてはテクノロジーが加速度的な進化を見せている。たとえばモノのインターネット（IoT）。以前は，インターネットはコンピュータ同士を接続するためのものであったが，現在ではスマートフォンやタブレットといった情報端末だけではなく，テレビや白物家電，デジタル情報家電などもインターネットにつながるのが当たり前になってきている。

IoT機器が小さく，コストも安くなることで，今後産業分野でもさまざまな応用が広がっていくはずだ。サプライチェーンにおいては，RFID（電波を用いてICタグの情報を非接触で読み書きする自動認識技術）によって倉庫に収まっている在庫だけではなく，輸送中の在庫についてもリアルタイムで把握できるようになっていくだろう。また販売の現場における売れ行きの情報も取り込めれば，真にエンド・ツー・エンドのサプライチェーン可視化が実現する。

さらに，AI技術の発達も目覚ましい。IoTで取り込まれたデータをAIで解析し，需要予測シミュレーションを行うなどして，設計系・計画系・実行系の業務に直ちに反映させていくことは今後間違いなく進んでいくはずだ。これまで週次で，または月次で行っていたサプライチェーンに関する業務がリアルタイム化・自動化することになる。

現在，大規模言語モデルを使った人工知能チャットボット「ChatGPT」が大きな話題となっているが，さらにそのAPIを使うことでさまざまなタスクを自動化するAIツール（代表例は「AutoGPT」）も登場している。人間は命令を下すだけで，AIがサプライチェーンに関する分析や計算などを自動で行い，オペレーションにまで落とし込んでくれる。一昔には夢物語であったことが実現できるだけの技術的素地ができあがりつつあるのだ。

このように現実世界の大量のデータを収集し，AIで解析したうえで現実世界にフィードバックしていくシステムのことをサイバー・フィジカル・システム（CPS）と呼ぶ。サプライチェーン・リスクマネジメントの文脈でいえば，需

要・生産・在庫などのデータに加え，気候や災害データなどをサイバー空間に吸い上げたうえで解析し，生産調整や在庫調整を自動で行って，現実世界に反映させていくというようなことも可能になる。

　デジタル庁や経済産業省は，2030年をターゲットとして，サイバーフィジカルシステムによる「データ駆動社会」の実現を目指している。それはデータによって社会が自律的に駆動し，大きな価値を生み出す社会を指す。この流れのなかで，サプライチェーンも自律型に進化していくと考えられる。
　サプライチェーンマネジメントでは，販売見込みの情報を出発点に，小売店，販売会社，物流拠点，製造業者といったサプライチェーンの結節点をデータがさかのぼっていき，生産計画・調達計画に落とし込まれる。その各結節点での在庫量やインシデント（危機事象）の発生情報，物流ルート上でのリスクの高まりなど，さまざまな状況や変化に応じたリアルタイムの解析により，発注量や輸送量などの決定プロセスは自動化されていくだろう。

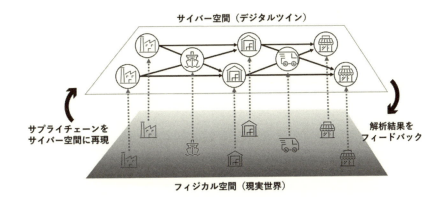

AIによる機械学習の技術を使うことで，季節的なイベントや気象現象といった影響要因も反映されるようになり，さらに使い続けることでより賢くなっていくことが期待できる。ただし，自律化すると言っても，人間の役割がなくなることはないはずだ。AIは統計的なパターンを学習するものであり，全く新規のイベントや，正規分布を外れたインシデント（いわゆるブラックスワン）などには対応ができない。

新製品発売時にプロモーションをかけて沢山売ろう，といったような販売の「意思入れ」など，人間が調整をかけるべき部分は依然残るはずだ。しかし，発注量の計算などは自動化されるため，人間はサプライチェーン自体の設計など，よりクリエイティブな業務に集中することができるようになると思われる。

# あ　と　が　き

　われわれ日本人は欲しいモノがすぐに手に入る環境に慣れきってしまい，それが，多くの人の努力や，長年の仕組みづくりによって可能となっていることを忘れてしまいがちだ。地震，台風，大雪……そうした危機的な事態に見舞われ，スーパーマーケットの棚がからっぽになるのを見て初めて，人々はそれが所与のものではなく，精緻なオペレーションによって実現していることを知る。食料品の供給が再開する前に，わずかな備蓄が切れてしまうかもしれない。医療品や薬品が届かないことで命の危機に瀕する人もいるかもしれない。現代の便利な社会は意外にも薄氷の上に成り立っており，危機は実に身近に潜んでいるのである。

　また，日本は資源に乏しい国である。エネルギーや鉱物資源の大部分と食料の約7割を海外から輸入し，また海外への資本投資と工業製品の輸出によって経済を支えている。このような環境において，日本は効率的なグローバル・サプライチェーンを構築することと同時に，それを止めない，または止まってもすぐに復旧できるだけのレジリエンスを備えることが重要であることは論を俟たない。

　気候変動による異常気象で災害が多発化・激甚化する一方で，安全保障上のリスクの高まりをひしひしと感じている方も多いであろう。また，新型コロナウイルス感染症の流行は，世界中がいとも簡単に混乱の坩堝に叩き込まれることをわれわれに思い知らせることとなった。われわれは危機の時代を生きている。

　筆者が COO を務める株式会社 Spectee（スペクティ）は，CEO 村上建治郎によって東日本大震災をきっかけに創業された企業である。「"危機"を可視化する」ことをミッションに掲げ，防災に対する特別な思いをもったメンバーが集

まり，レジリエントな社会の実現に向けて成長を続けている。スペクティのサービスは，地方自治体の災害対応や民間企業の危機管理の分野において採用・活用が進んでいるが，なかでも近年は多くの企業がサプライチェーンを脅かすリスクに対して課題を抱えていることを知り，今後はよりサプライチェーン・リスクマネジメントに特化したサービスの開発を強化していく方針である。

　日本は災害大国であると同時に，ものづくり大国でもある。ゆえに，「危機に強いものづくり」は当然に日本がリードしていくべき分野だと考えている。そのために必要なことは「適応していくこと」であり，それが本質的な「レジリエンス」につながっていくものだと思う。日本の製造業は過去に圧倒的な強さを誇った分，革新することに対して及び腰になる傾向があるかもしれない。いわゆるイノベーションのジレンマである。

　しかし変わることを恐れず，新しい環境や状況に合わせて自己革新し続けていくことが本当の強靭性ではないだろうか。本書の内容が少しでもサプライチェーンの強靭化に貢献し，危機に強いものづくりの実現につながっていけばこれ以上の喜びはない。

根 来　　諭

## 【資料】サプライチェーン強靱性評価指標

　ここでは，本書で示してきた強靱化策に則する形で，自社のサプライチェーンの強靱性を評価する指標を紹介する。

　自社の強み・弱みを可視化し，認識を共有したうえで，どこから手をつけるのか，何を優先的に強化するのかを検討するのに役立てていただきたい。

| | 評価項目 | レベル1 | レベル2 | レベル3 |
|---|---|---|---|---|
| ❶ | サプライチェーン設計 | サプライチェーンに含まれるリスクの高い地域や輸送経路を特定できていない | 特定できているがそれを避けたサプライチェーン設計を実行できていない | リスクの高い地域や輸送経路を避けたサプライチェーン設計になっている |
| ❷ | BCPの策定 | BCPが策定されていない | 自社+αの範囲でBCPが策定できている | サプライチェーン全体をカバーするBCPが策定されている |
| ❸ | サイバー攻撃への対策 | 対策ができていない | サプライチェーンを構成するステークホルダーが各自で対策を行っている | サプライチェーンを構成するステークホルダーでレベルを揃えた対策を行っている（特別に脆弱な場所がない） |
| ❹ | サプライヤーマネジメント | サプライヤー評価にリスク項目を盛り込めていない | リスク項目を含めてサプライヤーを評価している | リスクの高いサプライヤーを特定し，強化策を打っている |
| ❺ | 需要変化への追随力 | 需給計画がサイロ化している | 需給計画が社内では一元化されている | 需給計画が社外も含めて一元化されており，事業責任を持つマネジメントが最終的な意思決定をする態勢が整っている |
| ❻ | サプライチェーン可視化 | 1次サプライヤーまで把握できている | 2/3次サプライヤーまで把握できている | 4次サプライヤーより川上や，川下も含めて把握できている |
| ❼ | リスクモニタリング | インシデントの発生は報道などで覚知する程度である | インシデントの発生をほぼリアルタイムで覚知する体制ができている | インシデントをリアルタイムで覚知し，自社への影響を直ちに把握することができる |
| ❽ | 社内外の連携 | インシデントの発生時の連絡先を関係各社と交換している | インシデント発生時の連携について平時から話し合っている | 災害時協力協定や一部委託生産を相互に約束するなど高度な連携を計画できている |
| ❾ | 冗長化 | 在庫の積み増しのみで対応している | 分散化や代替調達手段の確保が一部できている | リスクの高い部材が特定できており，それらについて分散化や代替調達手段の確保ができている |
| ❿ | サプライチェーンとエンジニアリングチェーンの融合 | 融合されておらず分断されている | サプライチェーンを前提に設計が部分的に最適化されている | 設計がサプライチェーンに合わせて最適化されている |

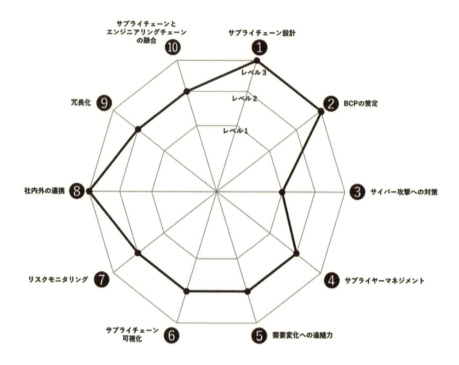

## ■ 著者紹介

# 根来　諭 （ねごろ・さとし）

㈱Spectee 取締役 COO・防災士・企業危機管理士

1998 年ソニー株式会社入社。法務・知的財産部門，エンタテインメント・ロボット
ビジネスでの経営管理を経て，福島県，パリ，シンガポール，ドバイでセールス＆
マーケティングを担当。中近東アフリカ 75 カ国におけるレコーディングメディア
＆エナジービジネスの事業責任者を最後に 2019 年，AI 防災ベンチャー企業 Spectee
に参画。郡山在住時の東日本大震災の被災経験，パリ在住時の同時多発テロ事件へ
のニアミス，政情不安定な国々でのビジネス経験を元に，企業の危機管理をテクノ
ロジーでアップデートすることに全力を注いでいる。リスク対策.com にて「テクノ
ロジーが変える防災・危機管理」連載中。一般社団法人日本防災プラットフォーム
理事。

## サプライチェーン強靭化
―危機の時代に事業のレジリエンスを確立する

2024年10月15日　第1版第1刷発行

著　者　根　来　　　諭

発行者　山　本　　　継

発行所　㈱中　央　経　済　社

発売元　㈱中央経済グループ
　　　　パ ブ リ ッ シ ン グ

〒101-0051　東京都千代田区神田神保町1-35
電　話　03 (3293) 3371 (編集代表)
　　　　03 (3293) 3381 (営業代表)
https://www.chuokeizai.co.jp
印刷／三英グラフィック・アーツ㈱
製本／㈲　井 上 製 本 所

©2024
Printed in Japan

※　頁の「欠落」や「順序違い」などがありましたらお取り替えいた
しますので発売元までご送付ください。(送料小社負担)
ISBN978-4-502-52131-7　C3034

JCOPY〈出版者著作権管理機構委託出版物〉本書を無断で複写複製 (コピー) することは,
著作権法上の例外を除き,禁じられています。本書をコピーされる場合は事前に出版者著作
権管理機構 (JCOPY) の許諾を受けてください。
JCOPY〈https://www.jcopy.or.jp　eメール：info@jcopy.or.jp〉